수성 도료 붓도색의 교과서

WATER BASED PAINT BRUSH PAINTING TEXTBOOK

CONTENTS
수성 도료 붓도색 교과서
붓도색을 처음부터 즐겨보자

빠른 건조, 높은 차폐력, 선명한 발색, 냄새가 적게 나는 등등, 각 제조사가 제품을 개선한 덕분에 수성 도료의 성능이 아주 좋아졌습니다. 거실이나 방에서 쾌적하게 프라모델 도색을 즐길 수 있는 시대가 온 것입니다. 집에 있는 시간이 많아진 지금, 프라모델 붓도색은 최고로 재미있는 취미 중에 하나라고 할 수 있습니다. 이 책에서 소개하는 4대 수성 도료인 수성 하비 컬러, 타미야 아크릴 도료, 바예호, 시타델 컬러로 여러분도 수성 도료 붓도색에 데뷔해보세요!!!

006 모형점에서 나를 위한 붓을 찾아보자
008 붓의 모양? 재질?? 모형에서 사용하는 붓의 종류를 알아보자
010 수성 도료 도색에 추천하는 붓
012 수성 도료 붓도색을 도와주는 편리한 재료들
014 오늘부터 즐거운 붓도색의 나날을 시작해보자
016 이 책에서 소개하는 수성 도료 5종 입장!!!

PART.1

018 PART.1 수성 하비 컬러&아크리존 by GSI 크레오스
020 수성 하비 컬러의 사용 방법을 배워보자!
022 수성 도료 시장에 돌아온 수성 하비 컬러로 영국 걸작기를 만들자
     【에어픽스 1/72】●시미즈 케이
030 마침내 웨더링 컬러도 수성으로!! 웨더링 도료도 새로운 시대에 돌입!!
032 수성 하비 컬러와 수성 웨더링 페인트로 웨더링 도색을 즐겨보자
     【웨이브 1/20】●키노스케
037 수성 도료 붓도색에 도움이 되는 용품들 GSI 크레오스 편
038 GSI 크레오스의 또 다른 수성 도료 「아크리존」으로 붓도색을 해보자!
040 가르쳐주세요 GSI 크레오스!! 아크리존 붓도색 방법!!

PART.2

044 PART.2 타미야 컬러 아크릴 도료 by 타미야
046 타미야 컬러 아크릴 도료의 특징을 알아보자!!
048 타미야 컬러 아크릴 도료 단순 도색으로 피규어 프라모델을 칠해보자!【타미야 1/35】●무사시
054 「단색 전차」로 오늘부터 여러분도 붓도색 데뷔!! 1/48 밀리터리 미니어처 시리즈와 붓도색은 최고의 조합【타미야 1/48】●못쵸
061 수성 도료 붓도색에 도움이 되는 용품들 타미야 편

PART.3

062　PART.3 바예호 컬러 by 바예호

064　스페인에서 태어난 월드클래스 수성 도료 「바예호」란???

066　「바예호」는 성형색을 살린 부분 도색에 딱!!
　　　보크스 「IMS 1/144 V·사이렌·넵튠」
　　　【보크스 1/144】●시마즈 히데오(보크스)

070　수성 도료 붓도색에 도움이 되는 용품들 보크스 편

071　피부를 전부 도색!! 피부색을 바꿔서 나만의 피오레를 만들어보자.
　　　【보크스】●후리츠쿠

076　섹시 미녀 피규어 도색도 바예호에게 맡겨주세요
　　　【보크스】●프라시바

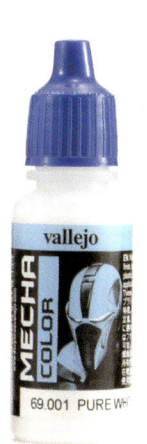

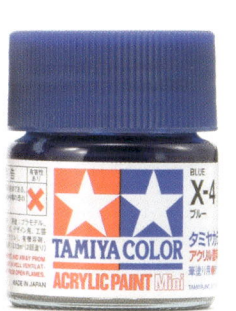

PART.4

082　PART.4 시타델 컬러 by 게임즈 워크숍

084　하이 디테일 미니어처를 많은 사람들이 즐길 수 있도록!!!
　　　초고성능 수성 도료 「시타델 컬러」

086　시타델 컬러 도색의 고민 해결! 최강 무료 애플리케이션 「시타델 컬러 앱」

088　먼저 시타델 컬러의 즐거움을 체감해보자!!!
　　　【게임즈 워크숍】●게임즈 워크숍 스태프

090　드라이 브러시는 시타델 컬러의 진수!!
　　　간단하게, 프라모델을 멋지게 칠할 수 있습니다 ●게임즈 워크숍 스태프

092　물들여서 간단히 도색을 즐겨보자!! 시타델 컬러 콘트라스트!

094　수성 도료 붓도색에 도움이 되는 용품들 게임즈 워크숍편

095　시타델 페인트 시스템을 베이스로, 미니어처를 1개 칠해보자
　　　【게임즈 워크숍】●텐치요

102　수성 도료 붓도색으로 미소녀 프라모델 컬러 체인지도 즐길 수 있습니다
　　　【맥스 팩토리】●후리츠쿠

112　칠해서 비로소 알게 되는, 붓도색의 즐거움

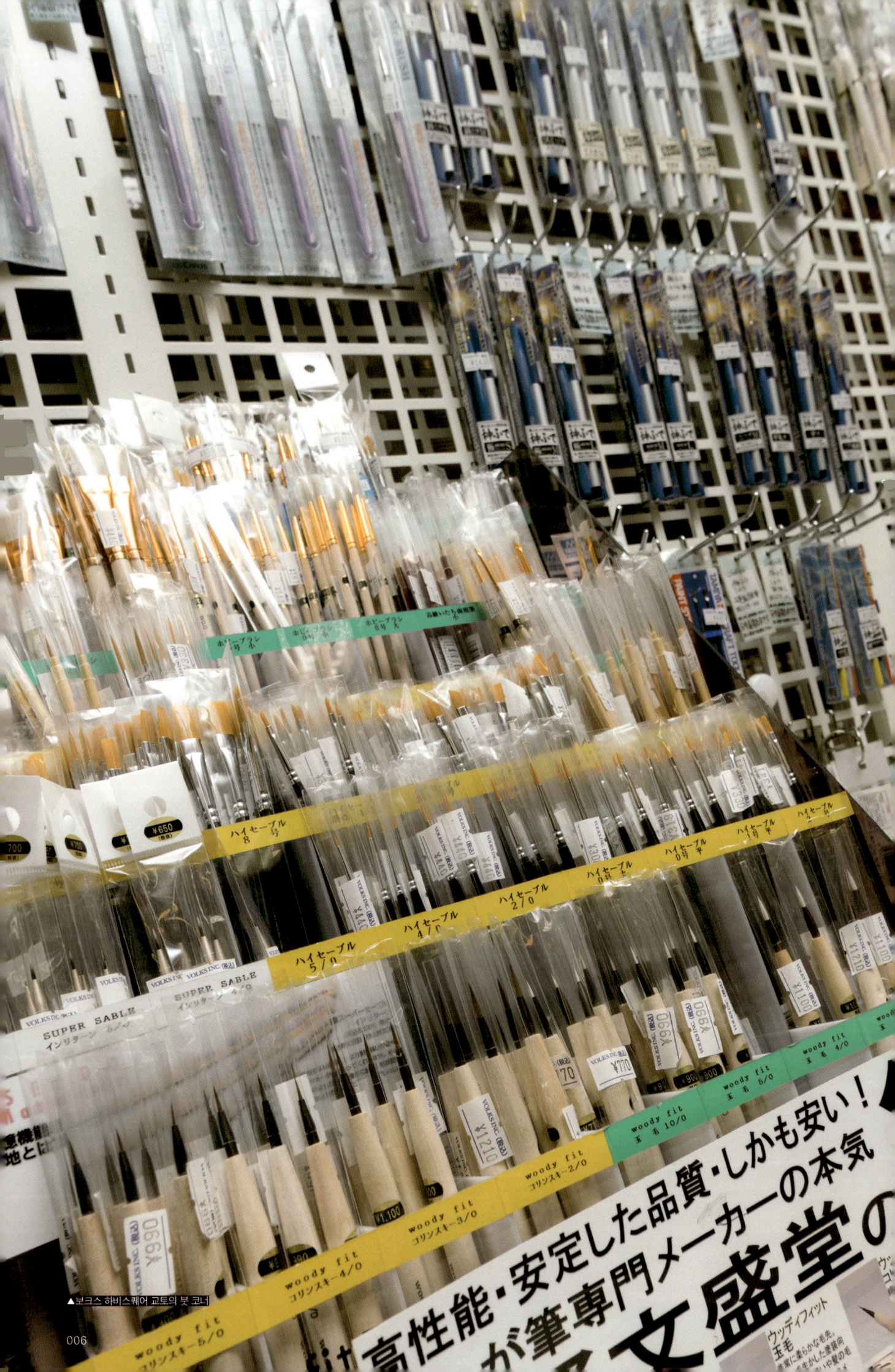

▲ 보크스 하비스퀘어 교토의 붓 코너

BRUSH SELECTION

모형점에서 나를 위한 붓을 찾아보자!!!

붓을 알면 백전백승……

이 사진이 일본 모형점의 붓 코너입니다. 프라모델을 칠하는 용도만으로도 이렇게 많은 종류의 붓이 있습니다. 아무것도 모르고 이 장소에 간다면… 여러분은 틀림없이 얼어붙어 버릴 것입니다.

하지만 안심하세요. 이 책을 읽으면 모형용 붓의 종류와 고르는 방법을 확실하게 알 수 있습니다. 추천하는 붓도 소개해드립니다!!

붓의 모양? 재질??
모형에서 사용하는 붓의 종류를 알아보자!!

같은 모형용 붓이라고 해도, 모형점에서는 다양한 붓을 판매하고 있습니다. 처음 보는 사람은 「대체 뭘 체크하며 붓을 골라야 하지?」라고 생각하실 것입니다. 그런 분들을 위해, 먼저 붓의 종류를 설명하겠습니다.

평붓

끝이 평평한 모양의 붓입니다. 털의 양이 많고 도료를 잘 머금기에 넓은 면적을 칠하는 데 좋습니다. 끝이 모여서 납작한 것과 끝이 살짝 벌어져서 타원형을 이루는 타입이 있습니다. 샤프하게 칠하고 싶은 경우에는 끝이 모인 타입을, 어쨌거나 넓은 면적을 칠하고 싶을 때는 벌어진 타입을 사용하세요.

둥근 붓

털이 둥근 모양으로 되어 있는 것이 둥근 붓입니다. 선을 그리는 등의 도색이나 평붓으로 칠하기에는 너무 작은 부분을 칠할 때 좋습니다. 끝이 뾰족하게 모인 타입은 핀포인트 도색에 좋습니다. 끝이 벌어진 타입은 도료를 적게 머금어서 그러데이션 등을 표현하는 데 사용할 수 있습니다.

세필

둥근 붓의 털 부분을 축소한 것 같은, 아주 작은 것이 세필입니다. 보다 샤프한 선을 그리거나 얼굴, 눈동자를 칠하는 등의 정밀한 부분에 사용합니다. 주로 0호~000호라는 사이즈가 있는데, 특히 000호는 꼭 필요한 상황이 있습니다. 더 세밀한 부분을 위해서 털 양을 줄인 극세필이라는 아이템도 있습니다.

드라이 브러시용 붓

붓에 머금은 도료를 대부분 빼낸 상태에서 대상에 문지르는 듯 사용해서 모서리 부분에 도료를 입혀주는 것이 드라이 브러시라고 불리는 기법입니다. 그 기법을 위해 사용하는 것이 이 붓입니다. 털이 뻣뻣해야 모서리에만 칠해지기 때문에, 털이 일반 붓보다 억센 경향이 있습니다. 일반 붓으로도 가능합니다만, 전용 붓이 있으면 마음이 든든합니다.

스펀지 브러시

끝부분이 스펀지로 된 붓입니다. 몽실몽실한 스펀지라서 붓과 또 다른 사용감을 줍니다. 파스텔 등의 분말을 칠하는 데 좋아서, 흙먼지 등의 웨더링은 물론이고 핑크색 계열의 볼터치를 넣는 데도 좋습니다. 사진은 타미야 웨더링 마스터(오른쪽)에 동봉되는 것.

타미야 웨더링 마스터

흙먼지나 검댕, 굵힌 금속 가루, 배관의 열 변색 등등, 약간의 더러움을 간단하게 표현할 수 있는 제품입니다. 스펀지와 브러시가 세트로 되어 있어서, 이것 하나만 있으면 웨더링을 시작할 수 있습니다. 피규어를 도색할 때는 피부색 등에 상당히 활용하기 좋은 핑크색 계열의 G나 H 세트가 특히 도움이 됩니다.

모형 붓에서 많이 사용하는 털의 종류를 알아보자!

붓은 모양 외에 털의 종류도 알아두면 고를 때 더욱 도움이 됩니다. 주로 동물 털(자연모)와 합성섬유(인조모) 두 가지로 구분됩니다. 양쪽 모두 확실한 특성이 있어서, 그 특성을 잘 활용하면 붓도색 표현의 폭이 넓어집니다.

동물성 털 특유의 유연함·자연모
(콜린스키, 세이블, 말털 등)

부드럽고 도료를 잘 머금는 것이 자연모 붓의 특징입니다. 섬세한 터치는 물론이고, 도료를 잘 머금는 특성을 이용해서, 도료를 머금은 뒤에 장시간 칠할 수 있다는 점도 특징입니다.

타미야 콜린스키 붓의 대표
타미야 모델링 브러시 PRO II 시리즈

영국 왕실도 자연모 붓을 사랑합니다
윈저&뉴턴 시리즈7 브러시

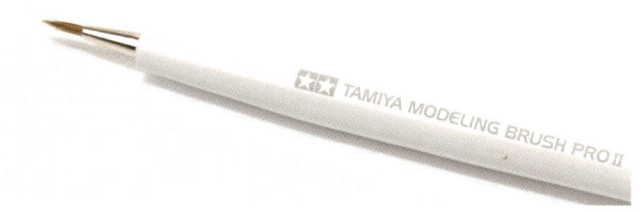

▲고급스런 느낌의 콜린스키 세이블(시베리아와 중국 북동부에 서식하는 족제비의 털)을 사용한 붓. 자연모 중에서도 다른 털과 비교할 수 없는 수준의 탄력성과 유연성을 지녔습니다.

▲영국을 대표하는 메이커 윈저&뉴턴의 시리즈7 브러시도 자연모 붓의 대표. 이쪽도 최고급 콜린스키 세이블을 사용했습니다.

말털을 사용한 평붓
타미야 모델링 브러시 HG

◀콜린스키나 세이블보다 저렴하게 자연모의 부드러움을 체감할 수 있는 말털. 부드럽지만 탄력은 조금 약합니다. 도료를 아주 잘 머금어서, 평붓으로 넓은 면적을 단번에 칠할 때 힘을 발휘합니다.

점점 진화하는 인조모 붓
(나일론, PBT 등)

나일론을 필두로 저렴하고 사용하기 편한 붓이 많아지고 있는 인조모 붓. 모형 도료 용제에도 강하고 형상 기억력이 뛰어난 것이 최근의 트렌드. 메카닉 프라모델이 주류인 일본에서는 확실하게 구분하며 칠하기 쉬운, 이런 붓들이 크게 활약하고 있습니다.

팍팍 사용할 수 있는 나일론 붓!
가이아노츠 나일론 붓

▶사진은 가이아노츠 나일론 붓. 나일론 붓은 저렴한 덕에 부담 없이 팍팍 사용할 수 있습니다. 나일론 특유의 강도와 탄력이 세밀한 부분을 칠할 때 큰 도움이 됩니다. 털의 유연성이 적고 흐물거리지 않아서, 직선 등을 그리기도 편합니다.

최근의 주류 중 하나, BPT 붓

▶나일론과 다른 BPT라는 인조모 붓. 탄력이 좋아서 날카롭게 그리기 좋습니다.

갓핸드 BPT 붓
신 붓

GSI 크레오스의 BPT 붓
Mr.브러시

수성 도료 도색에 추천하는 붓
붓도색이 더더욱 즐거워지는 붓을 소개합니다.

수많은 모형용 붓 중에서 어떤 것을 사면 좋을지 고민이 된다면, 먼저 이 페이지의 붓을 구입해보세요!! 틀림없이 수성 도료 붓도색이 즐거워질 것입니다!!

타미야의 최강 붓은 「소」와 「세」를 구입하자!!!

타미야 모델링 브러시 PRO II 면상필 소(小), 세(細)
● 발매원/타미야 ● 1540엔(소), 1430엔(세), 발매 중

타미야에서 발매한 콜린스키 세이블을 사용한 고급 붓 시리즈 「타미야 모델링 브러시 PRO II」. 다양한 굵기가 있는데 「소」와 「세」만 있으면 충분!! 어느 정도 넓은 면도 작은 면도 깔끔하게 칠할 수 있습니다!! 이 두 자루만 있으면 어지간한 도색이 가능한, 초절 Must buy입니다!!

도료를 잘 머금고! 끝도 잘 모이고!!

세세한 부분도 괜찮아요!!

◀소와 세의 붓 전체를 보면 굵직하게 보이지만, 털 부분은 아주 가늘어서 세세한 부분도 칠할 수 있습니다. 그리고 붓털이 길고 뿌리 부분의 털 양도 충분한 덕분에 도료와 수분을 잘 머금어주니까, 도료를 장시간 칠할 수 있습니다.

▶붓끝이 잘 모이고 도료를 안정적으로 배출해주는 덕분에, 이렇게 작은 글자의 디테일도 처리할 수 있습니다!!

가격 대비 성능비가 좋은 평붓

타미야 모델링 브러시 HG 평붓 소
● 발매원/타미야 ● 660엔, 발매 중

부드러운 말털 평붓이고, 넓은 면도 슥슥 칠할 수 있습니다. 특필할 점은 붓의 부드러움. 부드러운 터치로 칠할 수 있습니다. 끝으로 갈수록 가늘어지는 모양 덕분에, 붓 잡는 방법을 바꿔주면(가로 또는 세로로 잡는) 붓의 터치를 바꿀 수 있습니다. 가격도 적당하지만, 가격 이상의 퍼포먼스를 보장합니다.

독특한 모양에서 나오는 편한 느낌

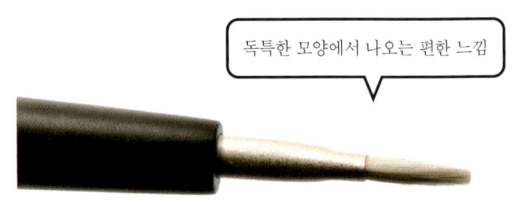

▲털을 특이한 모양으로 심은 특수 구조가 특징. 뿌리쪽 털 밀도가 높고, 끝쪽은 낮게 해줬습니다.

도료를 잘 머금는 말털

위장 무늬 색 구분도 문제없음

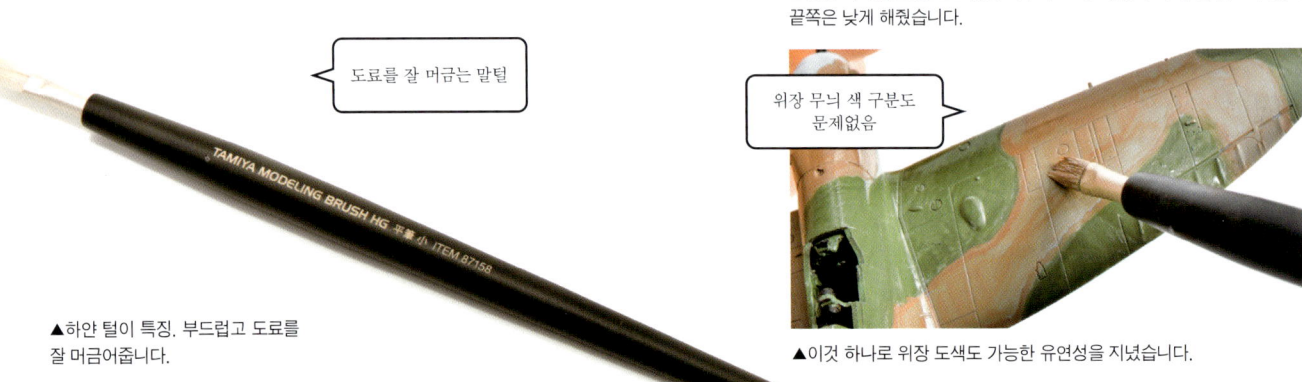

▲하얀 털이 특징. 부드럽고 도료를 잘 머금어줍니다.

▲이것 하나로 위장 도색도 가능한 유연성을 지녔습니다.

언제 어디서나 구할 수 있는 3개 세트! 팀워크로 칠하자!!

타미야 모델링 브러시 HF 스탠다드 세트
● 타미야/770엔, 발매 중

타미야의 화학 섬유 붓 중에서 가장 기본적인 3종 세트. 일본의 많은 모형점, 가전 양판점에서 구할 수 있습니다! 세 가지가 각각 확실한 특징이 있어서, 하나로만 칠하려 하지 말고 필요에 따라 바꿔가며 칠하는 것이 포인트!

▲화학섬유 붓답게 잘 모여 있는 붓끝과 강한 탄력이 특징. 폭 약 6mm의 평붓 No.2, 폭 약 4mm의 평붓 No.0과 극세 세필이 세트로 구성됩니다.

「넓은 면은 내가!! 평붓 No.2」

▲세 개 중에서 가장 넓은 붓. 이쪽은 넓은 면을 팍팍 칠하는 데 적합합니다.

「중간 크기 붓과 가는 붓의 차이를 확인하자!」

▲이 세트는 평붓 No.0과 극세필의 굵기 차이가 큽니다. 거기에는 이유가 있는데, 이 두 자루의 바톤 터치가 이 세트를 잘 사용하는 가장 큰 포인트입니다.

「평붓 No.0는 사용도 No.1」

▲이 세트로 칠할 경우, 가장 사용 빈도가 높습니다. 파우치 등의 부품도 칠할 수 있습니다. 단, 부품 가장자리는 조금 어려워 보입니다.

「평붓에서 바톤 터치!! 작은 부분은 맡겨줘!!」

▲부품 가장자리나 가는 선을 그릴 때, 이 극세필로 바꿔주세요! 평붓으로는 칠하지 못했던 부분을, 이 세필로 칠할 수 있습니다.

한 자루로 미니어처 도색을 대부분 소화!!

윈저&뉴튼 수채화 붓 Series7 미니어처 No.0
● 발매원/윈저&뉴튼 ● 1661엔, 발매 중

영국 위저&뉴튼의 Series7 붓은, 모형용 붓 중에서도 최고봉 중 하나. 특히 미니어처 No.0은 굵기, 도료를 머금는 성능이 정말 훌륭해서, 한 자루만 있어도 전부 처리할 수 있습니다.

「케이스에 들어 있으니 멋져 보인다」

▲전용 케이스에 든 채로 판매합니다. 한 눈에 봐도 고급!!!

「한 번 써보면 놓을 수가 없습니다.」

▲끝이 잘 모이고, 매끄럽고, 멋진 디자인까지. 영국 왕실 조달 붓은 역시 뭔가 다릅니다!

넓게 칠할 때는 「필버트 붓」

Raphael(라파엘) 붓 콜린스키 필버트 2호
● 발매원/라파엘 ● 1980엔, 발매 중

Interlon(인터론) 1214 필버트 2호
● 발매원/인터론 ● 583엔, 발매 중

끝이 둥그스름한 평붓인 「필버트 붓」은, 본지에서 붓도색을 피로해 주신 모델러 모두가 사용하고 있습니다! 도료가 잘 고이지 않고, 붓자국도 생기지 않아서 깔끔하게 칠할 수 있습니다. 캐릭터 모델이나 스케일 모델 등 넓은 면을 칠하는 모형과 상성이 좋습니다.

「라파엘」

▲피카소와 세잔도 사랑했던 「라파엘」붓. 그 고급 필버드 붓의 사용감은 최고입니다. 콜린스키 세이블의 매끄럽게 칠해지는 감촉은, 한 번 맛보면 그만둘 수가 없습니다.

「인터론」

▲나일론 붓에 처음으로 형상기억(인터록)을 적용한 획기적인 붓. 천연모에 가까운 칠하는 느낌. 가격도 싼 편이라서 처음 필버트 붓을 써보기에 가장 좋습니다. 사용하다가 끝이 벌어졌을 때는 따뜻한 물에 담가두면 원래대로 돌아옵니다.

「붓끝에 주목!」

▲이렇게 붓끝 모양이 둥근 것이 특징. 도료가 붓 양옆에서 흘러나오니까 평붓처럼 한 곳에 도료가 고이지 않습니다.

「위장 가장자리도 칠할 수 있는 섬세함!」

▲색과 색의 경계도 칠하기 쉽습니다. 가벼운 터치가 가능해서 도색의 흐릿한 느낌을 연출하기도 쉽습니다.

「넓은 면 칠하기에 최고!!」

▲넓은 면을 단색으로 칠할 때 특히 추천!! 붓자국도 거의 안 남기고 매끄럽게 칠할 수 있습니다.

수성 도료 붓도색을 도와주는 편리한 재료들!!

붓, 도료와 함께 준비하세요!

각 제조사에서는 수성 도료 붓도색을 보다 쾌적하게 해주는 도구와 재료들을 판매하고 있습니다. 여기서는 그런 제품들을 선정해서 소개해드리겠습니다!!!

마감은 물론이고 도료가 잘 입혀지게도 해줍니다!

수성 프리미엄 탑코트 유광, 반광, 무광
●발매원/GSI 크레오스 ●660엔, 발매 중

▶표면 마감용 스프레이 중에, 많은 모델러들로부터 높은 평가를 받는 수성 프리미엄 탑코트. 무광이나 반광은 촉촉하고 매끄럽게. 유광은 도막 보호 능력이 아주 강력한 데다, 간단히 반짝이는 광택을 얻을 수 있습니다. 수성이라서 안전성도 좋고, 데칼 손상도 적습니다. 그리고 무광은 투명 서페이서로도 사용 가능해서, 무광을 뿌려두면 수성 도료가 흘러내리지 않고 깔끔하게 칠할 수 있습니다.

드디어 나왔다!!! 수성 서페이서

수성 서페이서 스프레이
●발매원/GSI 크레오스 ●990엔, 발매 중

▲수성 도료의 최고의 파트너로서 새롭게 등장한 수성 서페이서. 회색, 흰색, 검정 1000과 회색 500이 라인업. 도료가 잘 입혀지게 해주는 것과 동시에 검정과 회색, 흰색은 밑색을 살린 그러데이션 도장에도 효과가 좋다. 냄새도 순하고 안전성이 높은 것도 매력.

사실 래커 서페이서는 수성 도료 붓도색에 최고입니다

타미야 슈퍼 서페이서, 파인 서페이서
●발매원/타미야 ●440~880엔, 발매 중

▲타미야에서 발매하는 래커 서페이서 스프레이. 입자가 곱고 메탈 프라이머 효과도 있는 편리한 서페이서입니다. 래커 밑칠은 수성 도료가 침투하지 않아서 도료를 칠해도 녹아나지 않고, 그래서 상성이 최고입니다!!! 프라이머 효과를 한껏 체감할 수 있습니다. 래커 계열이다 보니 냄새가 심하니까, 확실하게 환기해주면서 사용하세요.

작은 부분 칠과 먹선은 에나멜 도료에 맡겨두세요!

타미야 컬러 에나멜 도료
●발매원/타미야 ●165~220엔, 발매 중

▲수성 하비 컬러와 타미야 아크릴의 도막 위에 그대로 칠하고 삐져나온 부분을 용제로 닦아내면, 밑에 칠한 도료에 거의 대미지를 주지 않고 수정할 수 있어서, 작은 부분 칠에 적합합니다. 바예호나 시타델 컬러의 경우에는 그대로 칠하면 먼저 칠한 도료가 녹아버리니까, 프리미엄 탑코트 등으로 코팅한 뒤에 사용하세요.

에나멜 도료를 희석하는 용제

타미야 컬러 에나멜 용제 특대
●발매원/타미야 ●550엔, 발매 중

◀타미야 컬러 에나멜 도료를 희석하는 전용 용제. 이 용제로 도료를 희석하면 몰드에 도료를 흘려 넣어서 입체감을 연출하는 「먹선」을 넣어줄 수 있습니다. 에나멜 도료를 닦아낼 때도, 이 용제를 면봉 등에 적셔서 사용합니다.

Mr.웨더링 컬러
●발매원/GSI 크레오스 ●380엔~, 발매 중

▶일본을 대표하는 전차 모델러 요시오카 카즈야 씨가 감수한 인기 웨더링 도료. 유채 물감 베이스라서 상당히 잘 칠해지므로 간단히 웨더링을 즐길 수 있고, 먹선도 가능합니다. 바예호나 시타델 위에 칠할 때는 탑코트로 코팅한 뒤에 칠해주세요.

타미야가 조색한 먹선 도료

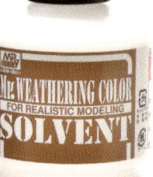

타미야 먹선 도료
●발매원/타미야 ●각 396~418엔, 발매 중

▲타미야가 조색과 농도를 절묘하게 조정한 상태로 판매하는 먹선 도료. 아주 편리한 데다 하나같이 색감이 뛰어납니다. 특히 다크 브라운은 전차와 비행기, 메카닉 모형과 상성이 발군. 핑크 브라운, 딥 브라운, 오렌지 브라운은 피규어를 도색할 때도 간단히 깊이감을 줄 수 있습니다. 꼭 구입해서 사용해보세요.

유채 물감 베이스 웨더링 도료

Mr.웨더링 컬러와 같이 구입하세요

Mr.웨더링 컬러 전용 희석액(대)
●발매원/GSI 크레오스 ●990엔, 발매 중

◀Mr.웨더링 컬러 시리즈, Mr.웨더링 페이스트를 닦아낼 때나 점도 조정, 세정에 사용하는 희석액.

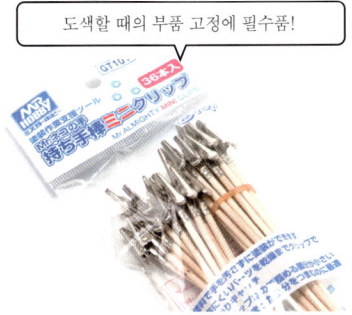

도색할 때의 부품 고정에 필수품!

Mr.고양이 손·지지봉 미니 클립 〈36개입〉
●발매원/GSI 크레오스 ●1100엔, 발매 중

▲동의의 「Mr.고양이 손·지지봉」. 그 클립 부분을 약 30% 작게 만든 타입. 잡는 부분이 작은 부품이나 우묵한 부분을 잡는 데 특화된 제품으로, 붓도색 할 때 부품을 고정하는 데 아주 편리.

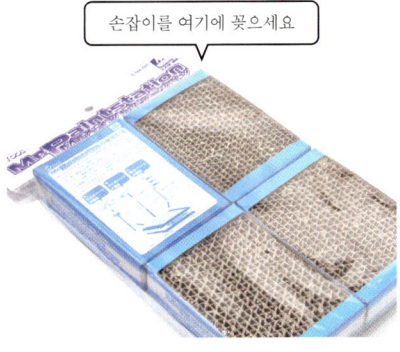

손잡이를 여기에 꽂으세요

Mr.페인트 스테이션 (4개입)
●발매원/GSI 크레오스 ●660엔, 발매 중

▲이쑤시개, 황동선, 나무젓가락, 고양이 손 등 도색할 때 부품을 고정하는 봉을 꽂아두기 위한 베이스. 손잡이를 이 베이스에 꽂아서 부품을 건조할 수 있습니다.

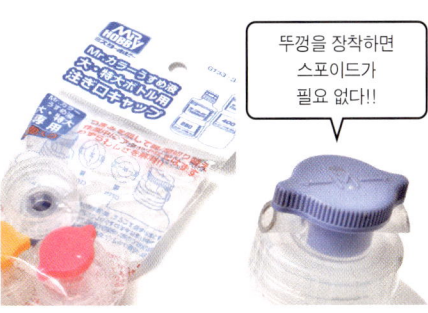

뚜껑을 장착하면 스포이드가 필요 없다!!

희석액 대·특대 보틀용 Mr.주둥이 뚜껑
●발매원/GSI 크레오스 ●330엔, 발매 중

▲Mr.희석액 대·특대 보틀용 뚜껑입니다. 도료 접시나 병에 옮겨 담을 때 흘리는 것을 방지합니다. 주둥이 한쪽을 손가락으로 눌러주면서 따르면, 한 방울씩 천천히 따를 수 있습니다. 손잡이를 돌려서 여닫을 수 있고, 닫은 상태에서는 밀폐성도 확보할 수 있습니다.

타미야 아크릴을 더욱 칠하기 쉽게!

타미야 페인트 리타더 (아크릴 도료용)
●발매원/타미야 ●286엔, 발매 중

◀도료를 붓도색할 때 활약하는 건조 지연제. 도료가 천천히 건조돼서 붓 자국이 덜 생기고, 도색 표면이 매끄러워져서 유광 마감을 하기 좋아집니다. 최대 약 10%의 비율로 도료에 혼합해서 사용합니다. 너무 많이 넣지 않게 주의하세요.

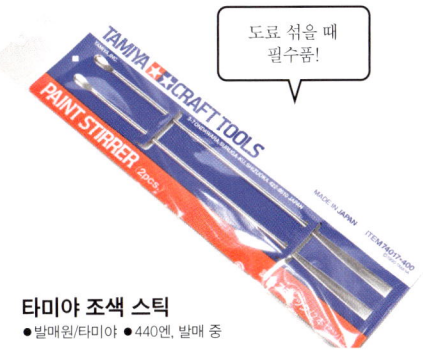

도료 섞을 때 필수품!

타미야 조색 스틱
●발매원/타미야 ●440엔, 발매 중

▲한쪽 끝이 납작한 주걱 모양, 다른 쪽은 작은 숟가락 모양의 금속 스틱입니다. 금속제라서 섞거나 조색한 뒤에 묻은 도료를 닦아내기 편합니다.

도색에 실수해도 몇 번이건 다시 할 수 있습니다!

타미야 페인트 리무버
●발매원/타미야 ●1210엔, 발매 중

▲아크릴, 에나멜, 래커, 폴리카보네이트 각 도료를 지울 수 있는 용제입니다. 수지 표면은 거의 상하게 하지 않고, 폴리카보네이트 보디의 투명도를 해치지도 않습니다. 도금 부품을 1시간 정도 담가두면 도금을 벗길 수도 있습니다. 또한 수용성이라서 냄새도 거의 나지 않습니다!! ※ABS 수지에는 사용할 수 없으니 주의.

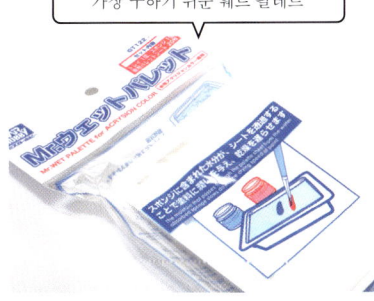

가장 구하기 쉬운 웨트 팔레트

Mr.웨트 팔레트
●발매원/GSI 크레오스 ●330엔, 발매 중

▲아크리존, 바예호, 시타델 등 물에 잘 반응하는 도료 전용 보습 팔레트. 용기의 스펀지에 물을 머금게 하고, 전용 팔레트 시트를 얹어서 사용합니다. 전용 시트가 스펀지에 머금은 수분을 투과시켜서, 시트 위에 있는 도료에 습기를 보충하며 건조를 지연시킵니다. 도료 접시보다 오래 사용할 수 있으니, 조색한 도료를 장시간 사용하고 싶을 때도 편리합니다.

안정된 병은 중요!!

100엔 숍의 유리 용기
●110엔

▲수성 붓도색에서는 도료를 물로 희석하거나 물로 붓을 헹구는 경우가 많습니다. 그럴 때 100엔 숍에서 판매하는 뚜껑 달린 유리 용기가 있으면 편리합니다. 안정되기도 하고, 사용하지 않을 때는 뚜껑을 닫아두면 됩니다.

붓 세정 & 린스 효과

Mr.붓 반짝 리퀴드
●발매원/GSI 크레오스 ●660엔, 발매 중

◀붓 전용 세정액입니다. 강한 세정력을 지녀서 굳어버린 도료를 강력하게 녹여줍니다. 또한 붓 털의 린스 효과도 있어서, 붓 정비에도 효과적입니다.

붓도색 세트 All in One
●발매원/프라모델 향상 위원회 ●880엔, 발매 중

▶붓도색에 필요한 도구를 세트로 구성한 상품입니다. 도료 접시 등을 놓는 홀더, 전용 1회용 도료 접시(3개 세트 1장), 붓 받침, 붓 헹굼용 병까지 들어 있습니다. 이제 고정 손잡이와 도료 & 붓만 준비하면 쾌적하게 붓도색을 즐길 수 있습니다.

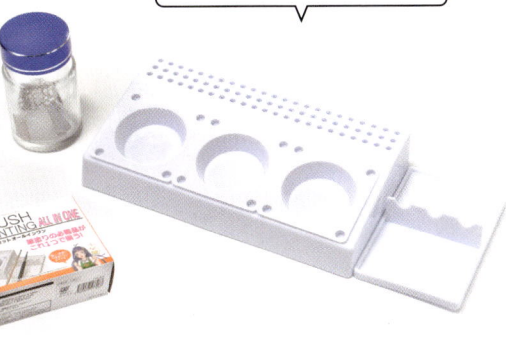

붓도색에 필요한 도구를 세트로 구성!!

▶이쪽이 패키지

▲붓 받침은 뒷면에 수납됩니다. 붓 받침은 좌우 양쪽으로 전개할 수 있어서, 왼손잡이에게도 편리합니다.

수성 도료가 나를 부른다

오늘부터 즐거운 붓도색의 나날을 시작해보자

수성 도료의 진화가 우리를 즐거운 세계로 이끌어준다

수성 하비 컬러, 타미야 아크릴, 바예호, 시타델 컬러 등의 수성 도료는, 집에 있는 시간이 늘어난 최근에 더욱 주목받고 있습니다. '냄새가 적어서 거실에서도 편하게 칠할 수 있다', '물만 준비하면 도색 준비 끝'이라고도 하는 도료는, 요즘 시대에 정말 잘 어울립니다. 게다가 성능은 예전 도료들과 비교도 안 될 만큼 향상! 다음 페이지부터 등장하는 작례&모델러들이 그 사실을 입증합니다. 이 책을 통해서 각 도료의 특징과 칠하는 느낌 등을 배우고, 여러분도 오늘부터 수성 도료 붓도색 세계에 뛰어들어보세요!

이 책에서 소개하는

일본에서 구하기 쉬운 수성 도료 5종은 이것!

이 책에서는 현재 일본의 모형 양판점이나 인터넷 쇼핑몰에서 구하기 쉽고 많은 사람들이 사용하는 수성 도료 5종을 선정했습니다. 먼저 해당 도료 5종을 간단히 소개! 각 장에서 상세한 정보를 전해드리겠습니다.

일본제 수성 도료

일본을 대표하는 수성 도료 「수성 하비 컬러」

어느 판매점에서도 구하기 쉬운 수성 하비 컬러. 완전히 리뉴얼해서 성능도 향상!

GSI 크레오스의 기본 도료가 최근에 완전히 리뉴얼했습니다. 지금까지의 이미지를 뒤바꾼 칠하는 느낌과 건조 속도 덕분에, 붓도색이 정말 즐거워집니다!!

수성 하비 컬러
● 발매원/GSI 크레오스 ● 198엔

P.018로 GO!!!

P.038로 GO!!!

관련 용품들이 많아지면서 칠하기 쉬워졌다!! 아크리존 & 아크리존 베이스 컬러

환경에 정말 좋은 아크리존

물만 있으면 칠할 수 있는 수성 도료. 이번에는 충실해진 관련 용품들과 함께, GSI 크레오스 스태프에게 직접 칠하는 방법을 들어봤습니다!!

아크리존, 아크리존 베이스 컬러
● 발매원/GSI 크레오스 ● 198엔

이 도료만 있으면 스케일 모델이 두렵지 않다! 「타미야 아크릴 도료」

타미야가 지정하는 색으로 칠할 수 있다는 안심감

대부분의 모형점에서 구할 수 있는, 타미야의 기본 도료. 이 책에서는 피규어와 전차 모형을 칠하면서 이 도료의 특징을 설명하겠습니다!!

아크릴 컬러 도료 미니
● 발매원/타미야 ● 각 165엔~

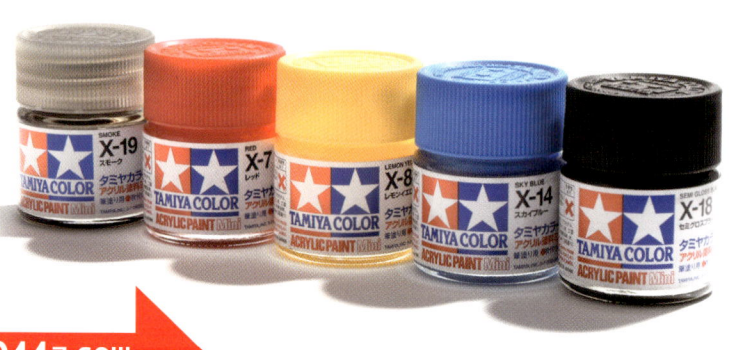

P.044로 GO!!!

수성 도료 5종 입장!!!

일본제 외 수성 도료

스페인에서 시작해 세계를 석권한 월드 클래스 「바예호 컬러」

바예호 컬러
●일본 발매원/보크스 ●319엔~

방대한 컬러 중에서 원하는 색을 마음껏 선택!!

전세계에서 사랑받는 데는 이유가 있다! 물만 있으면 칠할 수 있는 간편함과 편리한 안약병 스타일, 무취, 그리고 도색 편의성까지, 수성 도료에 필요한 요소를 대부분 갖췄습니다!

P.062로 GO!!!

수성 도료 계열의 최고봉!!

시타델 컬러
●발매원/게임즈 워크숍 ●600엔~

작은 미니어처도 쓱싹 칠할 수 있는 영국에서 태어난 엄청난 도료!! 「시타델 컬러」

오래전부터 미니어처 게임 세계에서 당연시됐던 도료가, 최근에 모형 유저들이 주목하면서 크게 히트! 이 도료 덕분에 일본에서도 수성 도료를 다시 보게 됐다고 해도 과언이 아닙니다!!

P.082로 GO!!!

PART.1

수성 하비 컬러&아크리즌 by GSI 크레오스
AQUEOUS HOBBY COLOR & ACRYSION by GSI Creos

가장 구하기 쉬운
「수성 하비 컬러」가 파워업!
최고로 즐거운 붓도색 체험을 전해드립니다!

지금까지의 수성 하비 컬러와는 차원이 다른 퀄리티입니다

일본 전국의 모형점, 양판점에서 부담 없이 구할 수 있는 GSI 크레오스의 「수성 하비 컬러」. 이 도료가 최근에 완전히 리뉴얼 되면서 사용하기가 정말 편리해졌습니다. 예전에는 「잘 마르지 않는다, 발색이 별로다」라는 등의 부정적인 이미지가 많았던 수성 하비 컬러. 하지만!! 완전히 리뉴얼한 수성 하비 컬러의 성능은 지금까지와 차원이 다른 훌륭한 도료가 되었습니다. 값싸게 어디서든 구입할 수 있고 고성능. 냄새도 적어서, 거실 모델링도 즐길 수 있습니다. 자, 다음 페이지부터 시작되는 기사를 읽고 「수성 하비 컬러 붓도색」을 마음껏 즐겨보세요!!

수성 하비 컬러의 사용 방법을 배워보자!

도색 준비를 배우고 즐겁게 붓도색!

GSI 크레오스가 발매하는 수성 하비 컬러. 최근에 리뉴얼 되면서 사용 편의성이 크게 향상됐습니다. 건조 시간도 5분 정도. 두껍게 칠한 부분도 10분만 지나면 겹칠이 가능합니다. 그런 수성 하비 컬러의 특징과 사용 방법을 보도록 하겠습니다!!

● 수성 하비 컬러의 특징

위에 뜬 용제의 색이 사라질 때까지 섞어주자!

병 상태에서 붓도색에 적합한 농도!

▲이쪽은 도료 섞기가 끝난 상태. 수성 하비 컬러도 뚜껑을 열어보면 다른 도료처럼 용제가 위로 떠서 분리된 상태입니다. 이것을 잘 저은 뒤에 사용하세요.

희석액은 특대 사이즈도 있습니다

▲수성 하비 컬러는 처음부터 붓도색에 적합한 농도로 맞춰져 있습니다. 조금 진하다는 느낌이 들 때는, 물이 아니라 전용 희석액으로 희석해주세요. 그러면 도료의 성능을 최대한 발휘할 수 있습니다.

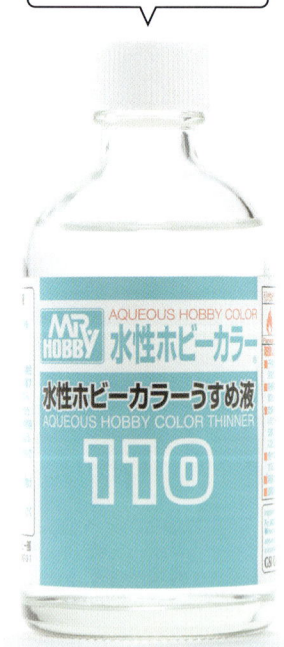

희석할 때는 전용 희석액을 사용하세요!

▲이것이 전용 희석액. 냄새가 조금 나지만, 창문을 열거나 환풍기를 켜면 신경 쓰이지 않습니다. 도료 희석 외에 붓을 씻을 때도 사용할 수 있습니다!!

◀특대 사이즈를 하나 사두면 정말 안심. 특대, 추천합니다!!

●수성 하비 컬러의 도색 준비

그럼, 수성 하비 컬러의 도색 순서를 보겠습니다. 준비는 간단합니다.

▲도료와 도료 접시, 그리고 더러워져도 되는 튼튼한 매트를 준비합니다.

▲도료는 끝까지 해보자! 라는 마음으로 섞어주세요. 많이 섞어서 나쁠 건 없습니다!!

▲다 섞으면 도료를 접시로 옮겨줍니다.

▲수성 하비 컬러는 붓도색에 적합한 농도라서, 희석하지 않아도 칠할 수 있습니다.

▲도료 접시가 없어! 그런 분은 도료 뚜껑 안쪽을 사용해주세요. 혼색하지 않는다면 이대로 사용해도 됩니다. 도색한 뒤에는 잘 닦아주세요. 다음에 사용할 때 도료가 굳어서 뚜껑이 잘 열리지 않는 경우도 있습니다.

▲수성 하비 컬러는 소량의 희석액으로도 간단히 희석할 수 있습니다. 스포이드로 1~2방울만 넣어주면 됩니다.

▲희석액을 넣었으면 도료와 잘 섞어주세요.

▲잘 희석했다면 남은 건 모형에 칠하는 것뿐!!

▲도색이 끝나면 희석액에 붓을 씻어줍니다. 도료가 남지 않도록 잘 씻어주세요.

●모든 수성 도료 공통!! 꼭 기억했으면 싶은 붓 준비

무작정 붓에 도료를 묻히는… 것만은 절대 하지 말아주세요. 어느 도료건 붓에 도료용 용제를 잔뜩, 시타델이나 바예호라면 물을 머금게 해서 붓에 워밍업을 해준 뒤에 도료를 묻혀주세요. 이 용제와 물이 도료를 토해내는 펌프 역할을 해줘서, 매끄러운 붓칠이 가능하게 해줍니다.

▲앞서 준비한 것 외에, 키친타월이 있으면 편리합니다.

▲먼저 붓 안에 용제, 또는 물을 잔뜩 머금게 해주세요.

▲가볍게, 붓끝을 키친타월에 얹어서 용제 또는 물의 양을 조절합니다. 그러지 않으면 도료가 너무 묽어집니다.

▲붓이 준비됐으면 도료를 머금게 합니다.

▲도료를 머금었으면 바로 모형에 칠하는 게 아니라, 다시 한 번 키친타월에 대주세요. 그러면 붓끝에 너무 많이 묻은 도료를 제거해서, 도료가 모형에 너무 많이 흘러버리는 실수를 막을 수 있습니다.

▲이 순서대로 붓도색을 하면, 적당한 양의 도료로 매끄러운 칠이 가능해집니다. 붓 워밍업을 꼭 기억해주세요!

수성 도료 시장에 돌아온 수성 하비 컬러로 영국 걸작기를 만들자

쾌적한 칠하는 느낌과, 밑색이 녹아서 일어나지 않는 편의성을 양립한 슈퍼 도료!!
오늘부터 비행기 모형 붓도색을 얼마든지 즐길 수 있다!!

　스케일 모델부터 캐릭터 모델까지, 다양한 장르에 대응하는 색을 전개하고 있는 수성 하비 컬러. 냄새도 없고, 개량을 통해서 획득한 사용 편의성, 원래 지니고 있던 수성 도료의 특징인 밑색을 녹이지 않는 성능이 멋지게 매칭한 훌륭한 수성 도료가 되었습니다.

　먼저 GSI 크레오스가 판매 대리를 맡고 있는데, 영국을 대표하는 모형 메이커 에어 픽스의「스핏파이어 Mk.Vc」의 붓도색 작례를 전해드립니다. 북아프리카와 지중해 연안에서 활약했던 트로피컬 타입 위장을, 수성 하비 컬러를 사용해서 표현해보겠습니다. 붓도색을 담당한 시미즈 씨의 세밀한 터치와, 위장 도색의 포인트를 보면 당장이라도 따라하고 싶어질 것입니다!! 자, 여러분도 오늘부터 수성 하비 컬러로 붓도색에 데뷔해보세요!!

●수성 서페이서로 도색 준비!

◀GSI 크레오스에서는 수성 서페이서도 발매되고 있습니다. 회색 1000번과 검정 1000번 서페이서에 퍼플을 섞어서 밑색으로 칠했습니다. 작례는 에어브러시로 뿌려서 칠했습니다만, 에어브러시가 없는 분은 이 도료를 조금 묽게 해서 붓으로 칠해도 됩니다. 도료가 잘 먹히게 해주는 효과와 처음부터 몰드에 그림자 색이 들어가는 덕분에, 도료를 깊숙한 곳까지 칠하려다가 두껍게 칠해지는 문제를 막을 수 있습니다.

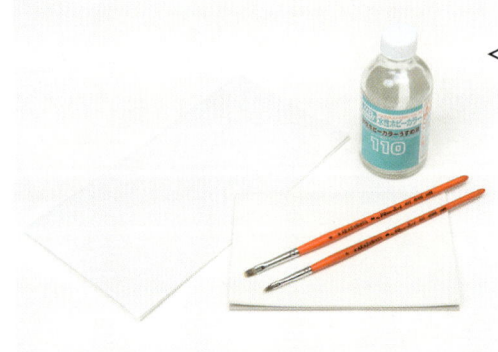

필버트 붓과 평붓을 사용

◀평붓처럼 생겼으면서 붓끝이 둥근 모양인 필버트 붓(앞쪽)과 직선 계열 터치로 넓은 면적을 칠하는 데 편리한 평붓(안쪽)을 사용. 필버트 붓은 도료가 고이거나 붓 자국이 남는 일이 적어서 매끈하게 칠하는 데 좋습니다.

에어픽스 1/72 스케일 플라스틱 키트
슈퍼 마린 스핏파이어 Mk.Vc

제작·글 / **시미즈 케이**

Airfix 1/72 SCALE
SUPERMARINE SPITFIRE Mk.Vc
modeled&described by Kei SHIMIZU

이 작례의 POINT!!
- 위장 도색 표현
- 위장의 분위기를 살리는 약간의 힌트
- 스펀지 치핑의 요령!
- 데칼 붙이기와 마감

NAVIGATOR
시미즈 케이 / 온갖 모형을 붓도색으로 멋지게 만들어버리는 대단한 사람. 소품을 사용한 베이스나 비넷 작품의 센스도 일류. 이번에는 특별한 도색 방법을 사용하지 않았으니까, 꼭 참고해보세요.

●위장은 단번에 칠하는 게 아니라 「테두리」부터 시작합니다

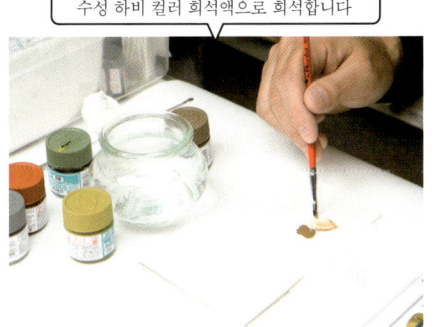

수성 하비 컬러 희석액으로 희석합니다

▲먼저 위장 도색의 테두리를 그려줍니다. 도료가 진하면 테두리가 너무 두꺼워지니까, 수성 하비 컬러 희석액을 살짝 넣은 도료로 테두리를 잡아줍니다. 사용한 색은 「다크 어스」입니다. 도색할 때는 종이 팔레트를 사용하고 있습니다.

도색 자료를 잘 보면서 칠해주세요

▲모양이 조금 달라지더라도 도료가 마른 뒤에 겹쳐 칠해서 수정할 수 있으니까, 대략적인 형태만 그려주면 됩니다. 사진처럼 희석한 도료(너무 묽으면 정착되지 않으니까 NG)로 테두리를 잡아주는 것이 포인트입니다.

여러 방향에서 위장 라인을 확인하세요

▲도색 자료와 자신이 칠한 위장 무늬의 라인이 너무 다르지는 않은지, 여러 각도에서 봐주세요. 모형에서 조금 떨어져서 전체를 보면서 체크하는 것도 추천합니다.

테두리 안쪽을 칠합니다!

▲붓을 짧게 움직이면서, 세밀한 터치로 테두리 안쪽 위장 부분을 칠해줍니다. 세밀한 터치에서 나오는 절묘한 붓 자국이 모형에 좋은 분위기를 줍니다.

도료를 자주 묻히면서 칠해주세요!

▲붓에서 도료가 안 나오면, 바로 팔레트에 덜어놓은 도료를 묻혀주세요.

다크 어스 위장 무늬 1차 도색 완료!

▲다크 어스 위장이 끝났습니다! 옆에 있는 위장 무늬 위치까지 삐져나왔어도, 수성 하비 컬러는 마른 뒤에 덧칠해서 처리할 수 있습니다.

다음 색은 「미들 스톤」

▲수성 하비 컬러 희석액을 1~2방울 넣어주면 도색 준비 OK.

삐져나오지 않도록

▲다크 어스 부분에 미들 스톤이 칠해지지 않도록 신중하게 칠해줍니다.

기본적인 색 구분 완료!

▲세밀한 터치에서 생겨나는 붓 자국이 멋집니다. 이렇게 자잘한 붓 자국이 더 멋진 느낌을 줍니다. 붓 자국은 나쁜 것이 아니니까, 너무 신경 쓰지 마세요!

빠트린 부분 등을 수정합니다

▲일단 위장 무늬를 다 칠했으면, 각 부분을 꼼꼼히 확인하세요! 그 뒤에 빠트린 부분이나 잘못 칠한 부분이 있으면 붓으로 덧칠해주세요.

위장 무늬를 잘 표현하는 비결!!

▲위장 무늬를 잘 표현하려면, 맞닿은 색을 조금 섞어서 칠하면 좋습니다. 섞은 색을 위장 무늬의 경계 등에 문지르는 것처럼 칠하세요. 이러면 색과 색 사이에 절묘한 그러데이션이 생기면서 더 멋지게 보입니다.

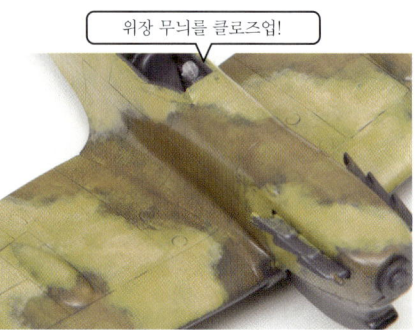

위장 무늬를 클로즈업!

▲위장의 경계에 칠한 도료 외에, 미들 스톤과 다크 어스 부분에도 명도를 살짝 높인 색을 옅게 칠해주면 더 멋있어집니다. (명도를 올릴 때는 흰색을 섞으면 너무 심하게 달라집니다. 이번에는 라이트 브라운 등을 섞었습니다. 칠이 너무 두꺼워지지 않게만 조심해주세요)

● 애저 블루를 칠하자!

▽ 밑면의 파란색을 칠하자!

▽ 날개 가장자리부터 칠합니다

▲밑면의 애저 블루를 칠합니다. 이 색이 병에 든 상태에서는 꽤나 어려운 색입니다. 이번에는 스카이 블루 : 50%+RLM 라이트 블루 65 : 30%+군함색 : 20%로 조색했습니다.

▲날개 가장자리를 먼저 칠해서, 날개 전체의 경계선을 잡아줍니다. 이렇게 해주면 붓이 날개 윗면까지 가버려서 나도 모르는 사이에 밑면 색이 위쪽까지 올라와 버렸다! 같은 사태를 방지할 수 있습니다.

▽ 세밀한 터치로 칠해줍니다!

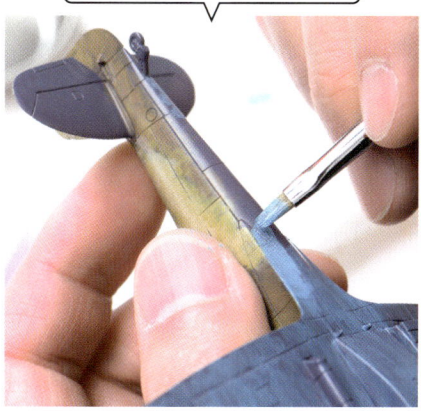
▽ 배 부분은 삐져나오지 않게 조심하세요!

▲붓을 짧고 세밀한 터치로 움직여서 전체를 칠해줍니다. 두 번 칠할 때는 완전히 마른 뒤에 해주세요.

▲어른이 되면 아랫배가 신경 쓰입니다. 비행기도 아랫배 부분 칠이 삐져나오지 않게 신경 써주세요. 경계를 잘 파악하고 신중하게 칠해줍니다.

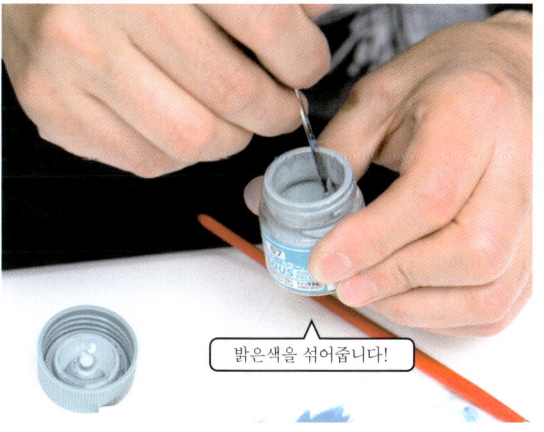

◀밑면이 단조롭지 않게, RLM65 블루를 추가합니다

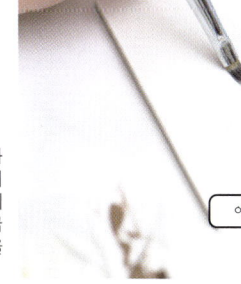
▽ 밝은색을 섞어줍니다!

▽ 애저 블루를 조금 섞어줍니다!

▶애저 블루에 RLM 라이트 블루를 조금 섞어줍니다. 베이스 색에 밝은색을 섞어주면, 급격한 색 변화를 막을 수 있습니다.

◀밝아진 애저 블루를 날개 각 패널 중앙부분에 칠해주면, 좋은 그러데이션 표현이 됩니다.

▽ 패널 중앙부 등에 칠해주세요

▶단색으로 칠하는 것보다 훨씬 멋있습니다. 밑색을 완전히 덮어버리지 않는 것도 포인트입니다.

▽ 표현이 풍부해졌습니다!!!

PART.1 AQUEOUS HOBBY COLLAR & ACRYSION by GSI Creos

●캐노피 도색과 치핑

캐노피는 마스킹했습니다

▲그냥 칠해도 되지만, 이번에는 리터치 등의 수고를 생각해서 마스킹. 기체와 마찬가지로 수성 서페이서를 뿌린 뒤에 본체 색으로 칠했습니다.

캐노피가 잘 칠해지면 포인트가 살아납니다!!

▲캐노피는 제일 먼저 눈이 가는 곳. 여기를 잘 칠하면 아주 멋지게 보입니다!!

본체 도색이 끝나면 「유광」탑코트를 뿌려줍니다!

▲위장 도색을 보호하기 위해, 수성 프리미엄 탑코트 유광을 뿌려줍니다. 이 스프레이가 반짝거리게 해주는 데다 도막을 아주 튼튼하게 해줘서 추천합니다. 유광 처리를 해주면 이 뒤에 웨더링도 조정하기 편해서 좋습니다.

에나멜 도료로 치핑이다!

▲비행기 표면에 세세한 흠집을 내줍니다. 사용하는 것은 가정용 스펀지 조각과 타미야 컬러 에나멜 도료 다크 그레이. 각 부분을 조정하기 위한 에나멜 용제도 준비합니다.

스펀지에 다크 그레이를 머금어줍니다

◀병에서 덜어낸 다크 그레이를 스펀지에 머금어 줍니다. 그리고 모형에 칠하기 전에 종이 팔레트나 키친타월에 몇 번 톡톡 두드려서 스펀지 안에 있는 도료를 조절합니다.

▶사람이 건드리거나 올라탈 것 같은 부분을 생각하면서 톡톡 두드려줍니다. 정말 재미있는 작업이니까 너무 과하지 않게 주의! 흠집투성이가 됩니다.

너무 과하지 않게 주의!

에나멜 용제로 몇 번이고 다시 할 수 있다!

▲에나멜 도료는 에나멜 용제로 간단하게 닦아낼 수 있습니다. 밑색 도료도 녹이지 않으니까, 과하게 칠한 곳은 간단하게 수정할 수 있습니다.

▶콕피트 주변과 날개 접합부 언저리에 있는 랜덤한 흠집. 이걸 스펀지로 만들었다는 게 믿어지십니까! 정말 멋있어지니까, 꼭 따라해 보세요.

이 랜덤한 흠집에 전율!

● 마감 도색 공정

「콕피트는 「눈에 띄는 곳만 칠하면」 OK!」

▲1/72 스케일의 콤팩트한 비행기 모형이면, 조립한 상태에서 콕피트를 칠해도 됩니다. 캐노피를 닫으면 거의 보이지 않으니까, 눈에 띄는 곳만 해줘도 됩니다.

「데칼 위에 효과를」

▲데칼 위에, 데칼 색보다 살짝 밝은 색을 얇게 발라주면, 마킹이 퇴색된 분위기를 연출할 수 있습니다.

「기체색과 데칼이 어우러져서 더 멋있게!!」

▲마킹이 오래된 분위기가 멋지게 연출되고, 기체와도 잘 어우러졌습니다. 약간만 손대주면 이렇게 멋있어집니다.

「위싱 전에 다시 한 번 프리미엄 탑코트로 보호해줍니다」

▲다음에는 전체에 에나멜 도료로 워싱해줍니다. 그 전에 에나멜 도료로 처리한 치핑과 데칼을 보호. 이제 부담 없이 워싱을 해줄 수 있습니다!!

「유광 처리를 했으니까 대담하게 워싱이 가능합니다!!」

▲무광의 우둘투둘한 면에 워싱을 하면 얼룩이 발생해서 더러워지지만, 유광은 표면이 매끄러워서 도료를 간단히 닦아낼 수 있습니다. 그래서 타미야 먹선 도료 다크 브라운을 전체에 발라도 문제없습니다!! 대담하게 칠하고, 에나멜 용제를 적신 면봉으로 닦아내세요. 이걸로 전장에서 더러워진 이미지가 완성됩니다.

「배기관의 검댕 얼룩은 「타미야 웨더링 마스터」로」

◀타미야에서 발매한 세미 웨트 타입 웨더링 도료 「웨더링 마스터」 시리즈의 「검댕」을 사용. 동봉된 스펀지로 문질러주면 OK.

「희미한 검댕 얼룩이 포인트를 줍니다!」

▲다른 웨더링과 또 다른 질감을 추가할 수 있는 웨더링 마스터. 모형에 좋은 악센트를 만들어줍니다.

▶ 전체 위장색의 밸런스와 붓도색의 터치에서 나오는 중후한 느낌이 훌륭합니다.

FINISHED
Airfix 1/72 SCALE SUPERMARINE SPITFIRE Mk.Vc

붓도색은 중간에 두려워져도 괜찮아! 끝까지 달려보자!!

붓도색을 왠지 어렵게 생각하시는 분들이 많은데, 이번 작례에서도 뭔가 특별한 요소는 없었습니다. 극단적으로 말하자면 붓에 도료를 묻혀서 발랐을 뿐이죠. 하지만 그 단순한 칠하는 방법에 알아둬야 할 점이 숨어 있습니다. 이 세 가지는 꼭 지켜주셨으면 좋겠습니다.

1/ 두껍게 칠하는 것은 엄금   2/ 덧칠은 완전히 마른 뒤에   3/ 도료를 너무 희석하지 않는다

이것들을 지키며, 여러분의 마음 가는 대로 붓을 가로로 세로로 놀려보세요. 거기서 생기는 붓 자국이 엄청난 분위기를 자아냅니다. 그 칠한 곳에 데칼을 붙이고, 각 부분에 먹선을 넣으면 단숨에 멋있어집니다. 중간에 왠지 미묘하네~라는 생각이 들어도 포기하지 말고, 마지막 데칼 붙이기까지 달려가 보세요! 그러다 보면 여러분의 책상 위에 엄청나게 멋진 붓도색 모형이 탄생해 있을 것입니다!! 붓도색에는 붓도색으로만 표현할 수 있는 분위기가 있습니다. 일단 그것을 체험하고 나면 프라모델이 너무나 재미있어집니다. 오늘부터 붓을 쥐고, 마음껏 칠해보세요!!

마침내 웨더링 컬러도 수성으로!!!
웨더링 도료도 새로운 시대에 돌입!!

물감 감각으로 즐기는 웨더링으로, 여러분의 프라모델을 멋지게!!

GSI 크레오스의 신제품 「수성 웨더링 페인트」. 튜브에 든 도료로, 물이나 전용 희석액으로 희석해서 사용합니다. 동사의 대히트 상품인 「Mr.웨더링 컬러」가 있는데, 그쪽은 유채 물감 베이스. 물에 녹지 않습니다.

수성 웨더링 페인트는 Mr.웨더링 컬러와 마찬가지로 AFV 모델러 요시오카 카즈야 씨가 색을 감수. 웨더링의 망설임을 없애주는 색으로 나왔습니다. 바로 사용 방법을 보도록 하겠습니다.

●6색이 발매!!!

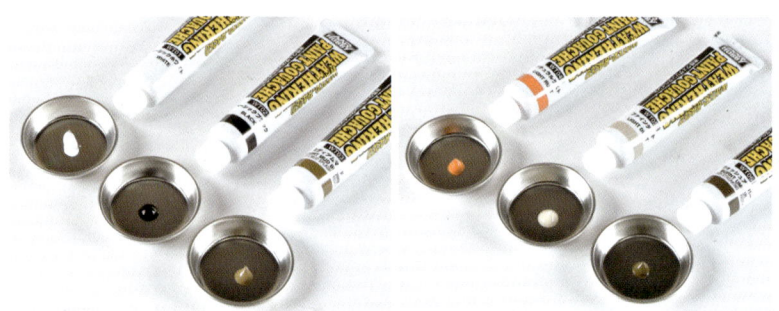

▲왼쪽부터 베이직 화이트, 베이직 블랙, 미디엄 머드, 내추럴 러스트, 파인 더스트, 워시 앰버.

수성 웨더링 페인트 6색 세트
●발매원/GSI 크레오스 ●2090엔(단품은 각 363엔), 발매 중 ●6색 세트

수성 웨더링 페인트 희석액
●발매원/GSI 크레오스 ●638엔, 발매 중

튜브에서 짜내면 끝!

▲튜브 타입 도료니까 섞어줄 필요도 없고, 도료 접시에 짜내는 것도 간단합니다.

전용 희석액을 넣어보자

▲수성 웨더링 페인트 희석액은 도료가 잘 퍼지게 하고 정착성도 향상시켜줍니다! 없을 때는 물로 희석해도 됩니다.

잘 섞어주세요

▲페인트가 잘 퍼지게 해주고 싶을 때는 희석액 1~2방울이면 OK. 먹선에 사용하고 싶을 때는 찰랑찰랑해질 정도까지 희석액을 적절하게 넣어주세요.

점도가 딱 좋습니다

▲도료의 점도는 높은 편. 진한 상태에서 칠하면 꾸덕꾸덕한 느낌입니다.

칠하면 모형 위에서 펴 발라주세요

▲더럽히고 싶은 부분에 도료를 칠했으면 희석액을 적신 붓으로 펴 발라주거나 두드려보세요. 전체에 얼룩이 퍼져 나가서 분위기가 좋아집니다.

가는 붓에 희석액을 적신다

▲더 세밀한 웨더링을 하고 싶을 때는, 가는 붓에 희석액을 적셔서 도료를 펴 발라주세요.

● 붓과 면봉을 활용하자!

▲희석액을 머금은 붓으로 펜더 부분에 칠한 도료를 펴 발라줍니다. 이때는 얼룩이 흐를 것 같은 방향으로 붓을 움직여 주세요.

▲붓으로만 펴바르면 도료가 퍼져나가기는 하지만, 남는 도료를 닦아낼 수는 없습니다. 이럴 때는 희석액을 적신 면봉을 사용합니다. 면봉으로 깔끔하게 정리해서 얼룩에 완급을 줍니다.

▲펜더 끝부분이나 몰드 부분에 얼룩이 고인 느낌이 됐습니다. 이대로 건드리지 말고 잘 건조시킵니다. 수성 웨더링 페인트는 완전히 마르면 무광이 됩니다. 광택이 사라지면 말랐다는 뜻입니다.

▲작업이 끝나면 붓 헹구기. 물로 팍팍 씻어주세요!! 붓의 도료가 말라붙었으면 일단 희석액으로 가볍게 씻은 뒤에 물로 잘 씻어내 주세요.

● 묽게 녹인 도료를 발라보자!

▲아주 묽게 녹인 도료를 전체에 칠해버리는 것도 재미있습니다. 워싱이라고 하는 기법입니다.

▲반쯤 말랐으면, 희석액에 적신 면봉으로 전체를 닦아줍니다. 표면에 미묘하게 남은 도료 덕분에 오래 사용한 전차의 분위기를 표현할 수 있습니다.

● 녹 얼룩은 재미있죠!

▲녹 느낌을 표현해주는 내추럴 러스트. 녹이 슬 것 같은 곳에 대담하게 발라줍니다.

▲면봉이나 붓을 희석액에 적셔서, 바른 도료를 살짝 닦아주면 끝. 이렇게 괜찮은 녹 표현이 됩니다. 최고!

● 비행기 모형 웨더링에도! 데칼 위에 사용해도 됩니다

▲베이직 블랙은 검댕 얼룩 등에 최적! 엔진 배기가스 얼룩에 도전!

▲검댕 얼룩이 생길 것 같은 곳에 꾸물꾸물 칠해줍니다.

▲도료를 흐릿하게 만들어줍니다. 비행기 진행 방향을 생각해서, 앞에서 뒤쪽으로 흘러가는 느낌으로 더럽혀줍니다.

▲깔끔하게 해주고 싶은 부분은 면봉으로 단번에 닦아주세요. 이걸로 완성!

▲베이직 화이트를 모형에 칠하면, 전부 퇴색시켜줍니다. 이런 느낌으로 드문드문 발라줍니다.

▲희석액을 머금은 붓으로 도료를 단번에 쭉 펴 발라줍니다. 그러면 하얀 필터가 모형을 덮으면서, 퇴색된 분위기가 됩니다.

▲면봉으로 닦아내서, 비행기의 날개 패널별로 퇴색 정도를 조정합니다. 표현에 다양성이 생기면서 멋있어집니다. 데칼도 상하지 않습니다.

수성 하비 컬러와 수성 웨더링 페인트로 웨더링 도색을 즐겨보자

웨더링 도색과 붓도색은 상성이 발군!!

다음은 수성 하비 컬러와 새로 발매된 수성 웨더링 페인트를 사용해서, 마시넨크리거 프라모델을 도색해보겠습니다. 이번에는 웨더링 도색을 전제로 한 붓도색입니다.

처음 웨더링을 해보는 분이라도 하기 쉬우면서 멋진 위장을 표현할 수 있는 「동계 위장」에 도전해보겠습니다!!! 웨더링은 정말 즐거우니까, 한번 빠지면 빠져나올 수가 없습니다.

이 작례의 POINT!!
- 웨더링을 전제로 한 붓도색!
- 동계 위장의 흰색 칠하는 방법
- 수성 웨더링 페인트를 사용한 웨더링
- 치핑

NAVIGATOR
키노스케/월간 하비재팬 지면에서 로봇과 자동차, 오토바이 작례를 특기인 붓도색으로 처리하는 모델러. 평소에는 래커 도료가 메인이지만, 수성 하비 컬러에도 관심이 많았기에 이번에 첫 도전!

웨이브 1/20 스케일 플라스틱 키트
S.A.F.S. Mk.III 랩터
제작·글/키노스케

WAVE 1/20 S.A.F.S. Mk.III Raptor
modeled&described by KINOSUKE

●동계 위장은 베이스 컬러 위에 칠하면 멋있다!!

먼저 그림자 색을 칠해주세요!!

▲서페이서를 뿌렸으면 기체색을 칠하기 전에 묽게 희석한 수성 하비 컬러 블랙+마호가니로 그림자가 될 것 같은 부분을 칠해줍니다. 장갑 안쪽이나 나중에 붓이 들어가기 힘들 것 같은 부분에도. 최종적으로는 거의 안 보이게 되니까, 적당히 해도 됩니다.

동계 위장의 밑색이 되는 기체색을 칠한다

▲RLM 그레이 02와 올리브 드랍을 섞어서 동계 위장의 밑색이 될 기체색을 만듭니다.

붓도색은 조립한 채로 칠할 수 있어서 좋습니다!

▲밑색이 되는 기체색을 칠합니다. 이 위에 흰색을 칠할 테니까, 붓 자국은 신경 쓰지 않아도 OK!! 전체를 가볍게 두 번 정도 칠해주면, 나중에 너무 두꺼워지지 않고 좋습니다.

이것이 동계 위장!!!

▶이것이 완성형. 바로 흰색을 칠해버렸는데, 실제 병기에서도 동계 위장은 베이스 색 위에 덧칠하는 경우가 많습니다. 모형에서도 그 순서에 따라 칠해봅시다.

발을 띄워주는 게 포인트!

▲바닥에 고정할 때는 몇 mm 정도 띄워주면 발 가장자리에 도료가 고이지 않습니다!

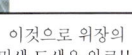

◀인식띠까지 칠하고 데칼을 붙인 상태. 인식띠 색은 RLM 65 라이트 블루+물색에 플랫 화이트와 미들 스톤을 추가했습니다. 동계 위장에 들어가기 전에 일단 확실하게 건조해주세요!

이것으로 위장의 밑색 도색은 완료!!!

●실전! 동계 위장은 이렇게 칠했습니다!!

여기서부터 동계 위장 도색을 해보겠습니다. 본체에 칠해도 되지만, 더 알기 쉽도록 마시넨의 개조 부품으로 사용하는 플라스틱 숟가락을 사용해서 이번 도색 방법을 소개하겠습니다. 마시넨 숟가락이 탄생했습니다.

숟가락으로 포인트를 보겠습니다.

▲마시넨의 곡면과 똑같은 플라스틱 숟가락. 이걸 사용해서 도색 방법을 보겠습니다.

사용할 재료들

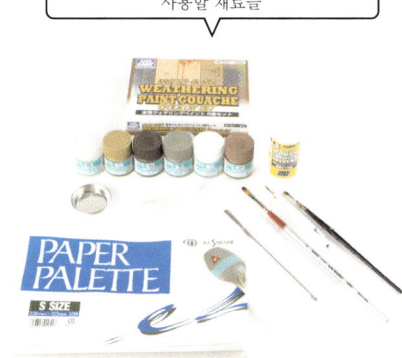

▲사용할 도료는 흰색만이 아닙니다. 미들 스톤, 마호가니, RLM 02 그레이, 우드 브라운, 플랜 베이스 등을 사용합니다. 이것들을 흰색에 조금 섞어서 만든 다른 색감의 흰색을 칠해서, 동계 위장에 표정을 만들어줍니다.

기체색을 칠한 숟가락 등장

▲이쪽은 랩터와 같은 색으로 칠한 숟가락. 여기에 동계 위장을 해보겠습니다.

흰색은 특히 잘 섞어주세요

▲흰색은 무광 흰색을 사용합니다. 흰색은 도료가 밑에 고이는 경우가 많으니까, 꼼꼼히 섞어주세요.

다른 색도 종이 팔레트에 덜어줍니다

▲흰색 외에도 왼쪽부터 미들 스톤, RLM 02 그레이, 우드 브라운, 마호가니, 블랙을 팔레트에 덜어주면 준비 완료.

▲도료를 촉촉하게 해주기 위해, 각 도료에 수성 하비 컬러 희석액을 떨궈줍니다.

각 도료에 희석액을 한 방울씩 떨궈줍니다

▲흰색에 미들 스톤을 섞은 색, RLM 02 그레이를 섞은 것 등을 단번에 만들어줍니다. 붓칠 속도가 불안한 분은, 한 가지 색을 칠 할 때마다 만들어도 됩니다.

다양한 색감의 흰색을 만듭니다!!

▲흰색에 RLM 02 그레이와 검정을 조금 섞어서 만든, 어두운 흰색을 칠해줍니다. 이것이 동계 위장의 바탕색이 됩니다.

먼저 어두운 흰색을 칠해주세요

▲어두운 흰색 칠은, 밑색이 비치는 정도까지 하면 됩니다. 이 위에 바를 색의 발색과 정착을 도와주는 역할이기 때문입니다.

밑색이 비치는 정도면 됩니다!!

▲밑색도 비치고 붓 자국도 잔뜩. 하지만 가장 어두운 흰색은 이 정도면 됩니다! 동계 위장을 하기 전에, 마킹이 있는 기체이니까 마킹은 피해서 흰색을 칠해주세요.

마킹은 피해서 칠하세요

▲회색에 가까운 흰색을 전체에 얇게 칠하면 OK! 이 단계에서는 밑에 있는 기체색을 은폐할 필요는 없습니다.

1단계 완료!

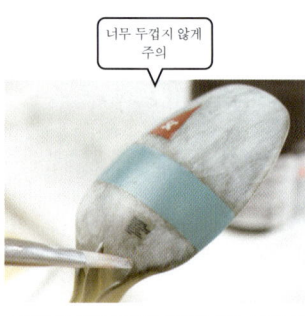
▲어두운 흰색이 마르면, 다른 색을 섞지 않은 무광 흰색을 칠합니다. 도료 농도는 살짝 묽게.

무광 흰색을 칠하자!

▲짧은 터치로 조금씩 칠해주세요. 너무 두껍지 않게 조심!! 점점 밑색이 안 보이게 됩니다.

너무 두껍지 않게 주의

▲조금 전보다 밝은 인상이 됐습니다. 그리고 중앙의 식별 띠와의 경계는 딱 잘라서 구분하지 않고, 사진처럼 약간 겹치는 느낌으로 해주면 멋있습니다.

2단계 종료!

▲다음으로 마킹 위에 동계 위장이 슬쩍 칠해진 분위기를 내기 위해, 묽은 농도의 흰색을 만듭니다.

묽은 흰색을 만들자!!!

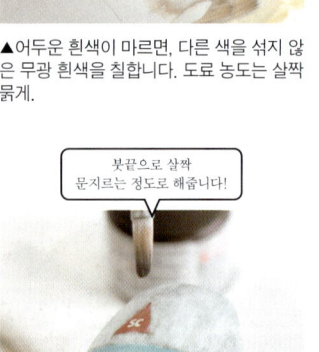
▲묽은 도료를 철벅, 하고 바르는 게 아니라, 붓끝으로 살짝 문지르는 정도면 OK!

붓끝으로 살짝 문지르는 정도로 해줍니다!

▲멋지게, 마킹 위에 동계 위장 도료가 슬쩍 칠해진 분위기를 표현했습니다.

마킹의 분위기가 삽니다!

▲흰색이 흙과 모래로 더럽혀지면, 노란색과 갈색이 됩니다. 이 얼룩을 흰색 동계 위장 외장에 칠해줍니다. 먼저 미들 스톤과, 흰색을 섞은 노란색 느낌이 강한 흰색을 준비.

이제 얼룩을 그려보겠습니다!

▲미묘한 느낌의 색이 되니까, 몇 군데에 가볍게 칠해주세요. 색감이 다르면 한 단계 앞의 색을 겹칠해서 수정할 수 있습니다.

색이 정해지면 시험 도색

▲전체에 다 칠하는 게 아니라, 더럽혀질 것 같은 부분에만 얇게 칠해주세요.

더러워질 것 같은 부분에 도료를 얹어줍니다!

▲약간 강한 얼룩은 흰색과 마호가니를 섞은 색을 칠해서 표현하세요.

그리고 마호가니와 흰색을 섞은 색을 칠해줍니다

▲마킹 주변이나 띠와의 경계, 부품 가장자리 등, 더럽혀지면 멋있을 것 같은 부분에 도료를 칠해주세요.

붓으로 콕콕 찍어주는 게 포인트

▲수성 하비 컬러로 만든 얼룩 색으로, 각 부분의 얼룩을 그린 상태. 이 위에 수성 웨더링 페인트를 칠하면서, 각 부분의 색감을 어우러지게 하는 동시에 전체를 더럽혀줍니다.

흰색이 점점 더럽혀집니다

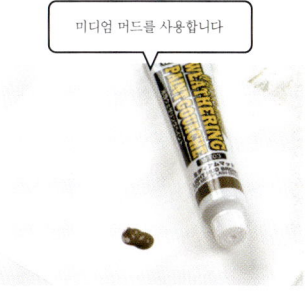
> 미디엄 머드를 사용합니다

▲수성 웨더링 페인트 미디엄 머드는 적절한 흙색. 다양한 모형의 얼룩에 적합한 만능 선수입니다.

> 전용 희석액으로 희석합니다

▲수성 웨더링 페인트 전용 희석액을 2방울 정도 넣어서 희석합니다. 조금만 넣어도 잘 풀어집니다.

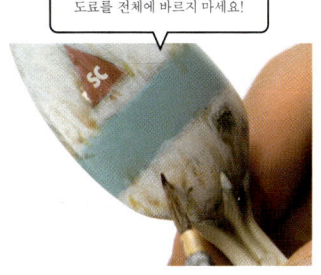
> 도료를 전체에 바르지 마세요!

▲곳곳에 가는 선을 랜덤하게 그려주는 이미지로, 미디엄 머드를 칠해줍니다. 전체에 칠해버리면 너무 단조로워집니다.

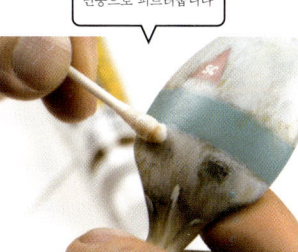
> 면봉으로 퍼트려줍니다

▲닦는 게 아니라, 랜덤으로 칠한 미디엄 머드를 부품 위에 퍼트려주는 느낌입니다. 면봉으로 그어주거나 톡톡 두드려주세요.

> 치핑 색을 만들자!

▲도료가 벗겨져서 금속이 드러난 흠집 표현「치핑」을 하겠습니다. 사용할 색은 메탈 블랙, 마호가니, 플랫 베이스입니다.

> 플랫 베이스를 섞는 게 포인트

▲노출된 금속 바탕이 시간이 지나며 광택을 잃은 것 같은 흠집 표현을 하겠습니다. 이럴 때는 플랫 베이스를 조금 섞어주면 좋습니다.

> 드라이 브러시 느낌으로

▲낡아서 끝이 벌어진 붓에 도료를 묻히고, 버석버석해질 때까지 키친타월에 닦아줍니다.

> 너덜너덜한 붓이 랜덤한 홈집을 만든다!!

▲붓끝으로 살짝만 찍어도 이렇게 그럴듯한 흠집이 생겨납니다!! 간단하면서도 아주 멋집니다.

> 장갑 테두리 등을 노리자!

▲흠집이 많이 생길 것 같은 부분은 대담하게 문질러주세요.

> 완성!!!

◀색감이 다른 흰색에서 오는 얼룩 표현과 수성 웨더링 페인트, 치핑을 이용해서 멋진 동계 위장이 완성!! 랩터 본체도 이 방법으로 칠해줍니다.

> 리터치도 간단!

▲너무 더러웠다! 치핑이 실패했다!! 그럴 때는 당황하지 마세요! 흰색을 덧칠하면 다 해결됩니다. 해치나 장갑 테두리는 재미있어서 너무 더럽히기 십상. 주의하세요.

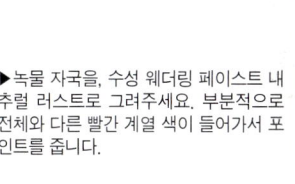

▶녹물 자국을, 수성 웨더링 페이스트 내추럴 러스트로 그려주세요. 부분적으로 전체와 다른 빨간 계열 색이 들어가서 포인트를 줍니다.

▲가려지는 부분은 붓이 들어가는 곳만 칠하면 OK! 붓이 안 들어가는 곳은 완성하면 거의 안 보이니까 칠하지 않아도 됩니다!!

PART.1 AQUEOUS HOBBY COLLAR & ACRYSION by GSI Creos 035

수성 도료 붓도색에 도움이 되는 용품들

GSI 크레오스 편

도료부터 소재까지 전부 갖춘 GSI 크레오스!!

Mr.하비라는 브랜드로 모형 제작&도색에 도움이 되는 아이템을 다수 판매하고 있는, 일본을 대표하는 메이커 GSI 크레오스. 여기서는 수성 도료 붓도색에 사용하면 편리한 아이템들을 선정해봤습니다.

● 발매원/GSI 크레오스 ● 발매 중

G툴 세필, 둥근 붓, 평붓 ● 각 660엔~770엔
세계 최초로 그립 축에 실리콘을 채용한 모형용 붓

실리콘 축 덕분에 손이 덜 피곤한 하비용 붓. 세필, 둥근 붓, 평붓까지 종류도 다양. 털에는 억센 PBT(화학 섬유)를 채용.

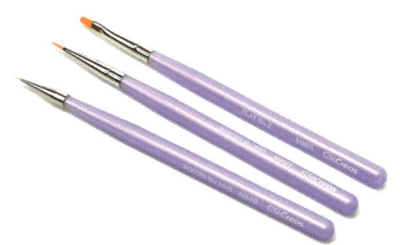

▲실리콘 그립 덕분에 그립감도 좋다! 손이 덜 피곤합니다.

수성 서페이서 ● 각 990엔
수성 붓도색 최고의 파트너!!

P.10~11에서도 소개한 수성 서페이서. 용제 냄새도 적고 안전성도 더 좋으면서, 표면 흠집 메우기 처리와 도색 전 밑칠 등이 가능한 획기적인 상품. 병 타입과 캔 스프레이로 발매됐습니다. 색은 회색, 검정, 흰색. 곱기는 500번, 1000번이 라인업.

Mr. 웨더링 컬러 ● 각 418엔
먹선부터 웨더링까지 활약하는 도료

도색한 프라모델에 오염을 추가해서 보다 리얼하게 만들어주기 위한, 유채감을 베이스로 만든 잘 칠해지는 도료. 먹선과 워싱 등에 폭넓게 사용됩니다. 시리즈의 다른 도료와 혼색해서 사용할 수도 있습니다.

Mr. 도료 접시 ● 176엔
많으면 많을수록 좋다!!!

도료를 희석하거나 혼색할 때 사용하는 금속 도료 접시입니다. 금속이라서 용제에도 강하고 씻기도 편합니다. 10개들이.

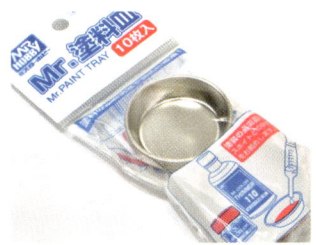

희석액 대, 특대 보틀용 Mr. 주둥이 뚜껑 ● 330엔
용제를 따를 때 아주 편리!!!

이런 걸로 뭐가 달라지겠어? 라고 생각한 사람일수록 구입을 추천하는 뚜껑. 뚜껑 자체에서 여닫을 수 있고, 주둥이 반대쪽을 손가락으로 막아주면 용제를 한 방울씩 떨어트릴 수도 있습니다. 도료 접시나 병에 용제를 추가할 때 정말 편리합니다.

◀뚜껑 색이 달라서 종류 구분도 간단. 닫으면 확실히 밀폐됩니다.

Mr. 웨더링 컬러 전용 희석액 ● 990엔
Mr.웨더링 컬러와 같이 사용하세요

Mr. 웨더링 컬러를 희석하거나 닦아낼 때 사용합니다. 웨더링 컬러를 사용한 붓을 씻을 때도 사용. 꼭 한 병 장만해두세요.

Mr. 마스킹 테이프 ● 110~198엔
전통 종이를 사용해서 아주 얇고 잘 밀착하는 마스킹 테이프!

아주 얇은 전통 종이다 보니 벗겨낸 뒤에 도막 단차가 거의 보이지 않고, 신축성이 뛰어나서 곡면 부품에 붙이기도 좋습니다. 또한 투과성이 좋아서 커팅 매트에 붙여서 자를 때나 복잡한 모양에 맞춰 자를 때 정확도가 향상됩니다.

▲커팅 매트 눈금도 잘 보인다!!

Mr. 붓 반짝 리퀴드 ● 660엔
붓 손질을 위해!!

붓 전용 세정제. 강한 세정력으로 굳어버린 도료를 강력하게 녹여줍니다. 또한 붓털의 린스 효과도 있어서, 붓 정비에도 효과적입니다.

Mr. 페인트 스테이션(4개입) ● 660엔
손잡이 고정에!

도색하고 싶은 부품을 고정하기 위한 베이스입니다. 칠할 색, 조립 부위 등으로 구분하는 데 아주 편리. 동사의 고양이 손과 같이 사용하면 좋습니다.

Mr. 고양이 손, 지지봉 미니 클립
<36개입> ● 1100엔
붓도색에 손잡이가 있으면 쾌적도 상승!

클립 부분을 더 작게 만들어서 작은 부품이나 우묵한 부분을 집을 때의 안정감이 더 좋아진 도색용 클립. 이게 있으면 붓도색이 정말 쾌적해집니다. 지문이 찍히는 사고도 예방할 수 있습니다.

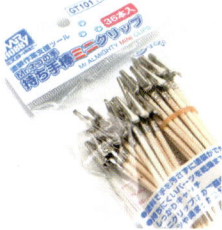

Mr. 웨트 팔레트 ● 330엔
아크리존 전용 보습 팔레트!

용기의 스펀지에 물을 머금게 하고, 전용 팔레트 시트를 얹어서 사용합니다. 전용 시트는 스펀지에 머금은 수분을 투과시켜서, 시트 위에 있는 아크리존을 촉촉하게 해주고 건조를 지연시킵니다. 도색 접시보다 건조 속도가 느려지니까, 사용 편의가 향상됩니다.
※본 제품은 아크리존 전용입니다.

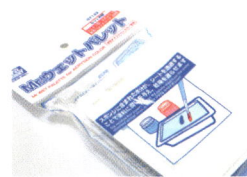

GSI 크레오스의 또 다른 수성 도료 「아크리존」으로 붓도색을 해보자!

수성 하비 컬러와 함께 판매되고 있는 GSI 크레오스의 수성 도료 '아크리존'. 이쪽은 에멀전계열(이 책 후반에 나오는 바예호나 시타델 컬러와 같은 계열)이라는 도료인데, 물만 가지고 완전히 조정이 가능합니다. 특필할 점은 냄새. 수성 하비 컬러보다도 냄새가 적어서, 붓으로 칠하는 동안 냄새를 거의 느끼지 못했습니다.

하지만 이 아크리존은 다른 도료와 조금 다른 특성이 있습니다. 칠할 때 묽은 접착제를 바르는 것 같은 감각에 가까운 느낌입니다. 하지만 최근에 이 아크리존을 칠하기 편하게 해주기 위한 도료 '아크리존 베이스 컬러'와 전용 지연제, 붓도색 밑색에 적합한 수성 서페이서 500 등이 등장하면서, 아크리존의 주변 환경도 달라졌습니다.

지금부터는 아크리존이라는 도료가 어떤 것인지 설명하면서, 실제로 GSI 크레오스 스태프 분께 아크리존 붓도색의 요령을 배우는 How to를 전해드리겠습니다.

●아크리존 (일반 컬러)의 색조

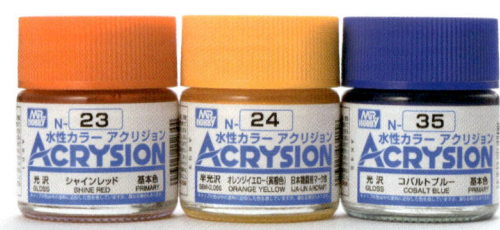

▲이쪽은 일반 아크리존. 기본색도 갖춰져 있고, 다양한 표현이 가능합니다.

아크리존의 특징!
- 마른 뒤에는 내수성이 되고, 용제에도 내성이 있는 도막을 형성합니다.
- 유기용제 사용을 최대한 억제한, 냄새가 거의 없는 모형용 도료.
- 지금까지 수성 에멀전 도료에서는 어려웠던 광택 도료도 라인업.
- 용제가 적어서 용제 때문에 파손되기 쉬운 얇은 ABS 부품에도 거의 침식하지 않습니다.
- 플라스틱 수지를 녹여서 달라붙는 용제계 도료와 달라서, 도료 자신의 달라붙는 힘으로 정착합니다. 용제 내성이 강한 우레탄 레진 수지 등에도 프라이머 없이 칠할 수 있습니다. 폴리 카보네이트에도 도색이 가능합니다. 단, 프라이머 등의 사전 처리를 하는 쪽이 보다 잘 정착합니다.

●도료 이외의 라인업

도료 외에 도료를 물보다 매끄럽게 희석시켜주는 리타더(지연제)가 있습니다. 툴 클리너는 마른 도막을 제거할 수 있어서, 사용한 도구를 정비하는 데 큰 도움이 됩니다.

아크리존 전용 툴 클리너
- 발매원/GSI 크레오스
- 440엔(110ml), 770엔(250ml)

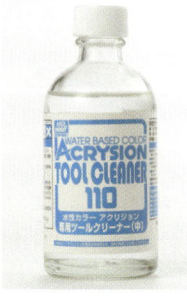

아크리존 리타더
- 발매원/GSI 크레오스 ●198엔

새로 발매된 리타더는 대단해!!

▶아크리존 패밀리에 새로 들어온 리타더. 아크리존을 붓도색에 사용할 때, 건조 속도를 늦춰주고 붓놀림을 매끄럽게 해줍니다. 정말 잘 칠해지게 됩니다. 딱 한 방울이면 충분하니까, 너무 많이 넣지 않도록 조심하세요. 이쪽은 How to에서 사용감을 소개하겠습니다.

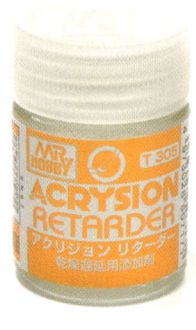

● 아크리존 베이스 컬러의 실력

아크리존 베이스 컬러를 실제로 칠한 상태를 보겠습니다. 흰색 계열 대상물에 붓으로 한 번 칠해보니 놀라울 정도로 확실하게 발색. 전체적으로 매트한 질감입니다. 채도도 낮아서 그야말로 베이스(밑칠)에 딱 좋은 도료입니다. 또한 베이스 컬러에는 서페이서처럼 위에 칠하는 도료가 잘 정착되게 하는 프라이머 효과도 있습니다.

| 아크리존 베이스 컬러 | ● 발매원/GSI 크레오스 | ● 330엔 |

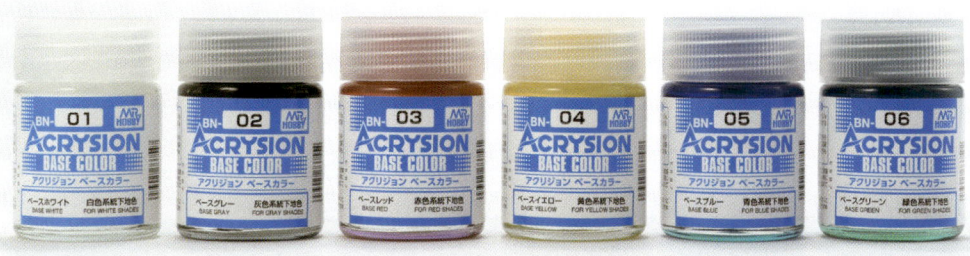

베이스 블루

베이스 옐로

베이스 레드

베이스 그레이

아크리존 붓도색 최고의 파트너 「수성 서페이서 500」

▲냄새도 순한 수성 서페이서 중에서, 붓도색과 상성이 아주 좋은 것이 이 「500」. 약간 거친 입자가 도료를 잘 잡아줘서, 색이 간단히 정착됩니다. 이 위에 아크리존을 칠하면 아주 잘 칠해져서 추천합니다. 잘 건조한 뒤에 붓도색을 해주세요.

수성 서페이서 500
● 발매원/GSI 크레오스 ● 990엔

일단 아크리존&아크리존 베이스를 칠해보자

잘 섞어준다!

▲어떤 도료건 가장 기본! 너무 섞었나~ 싶을 정도로 섞어주세요.

병 상태에서도 붓도색에 적합한 농도!

▲아크리존은 처음부터 붓도색에 적합한 농도입니다. 병에 든 도료를 직접 붓에 묻혀줍니다.

발색이 전혀 안 되는데…

▲한 번 칠했더니 살짝 파랗고 번들거릴 뿐. 정말 괜찮을까?

두 번째! 이리리??

▲이 스카이 블루가 특히 발색이 안 되는 것 같습니다. 마른 뒤에 다시 칠해도 큰 변화는 없습니다.

아크리존 베이스 등장!!

▲여기서 등장하는 것이 밑칠 도료 아크리존 베이스. 베이스 블루를 칠해보겠습니다.

엄청나 차폐력!

▲올리브 드랩을 단번에 묻어버리고 블루로 변화.

발색했다!!! 베이스 컬러 대단해

◀그렇게 말을 안 듣던 스카이 블루가! 이 정도면 뭐가 될 것 같은 기분이 듭니다.

▶베이스 컬러를 칠하고 스카이 블루를 칠한 부분(앞쪽), 스카이 블루를 직접 칠한 부분(뒤쪽)이 이렇게 차이가 납니다!!! 아크리존은 베이스 컬러의 힘을 믿고 가는 쪽이 좋을 것 같습니다.

밑칠의 힘은 위대합니다

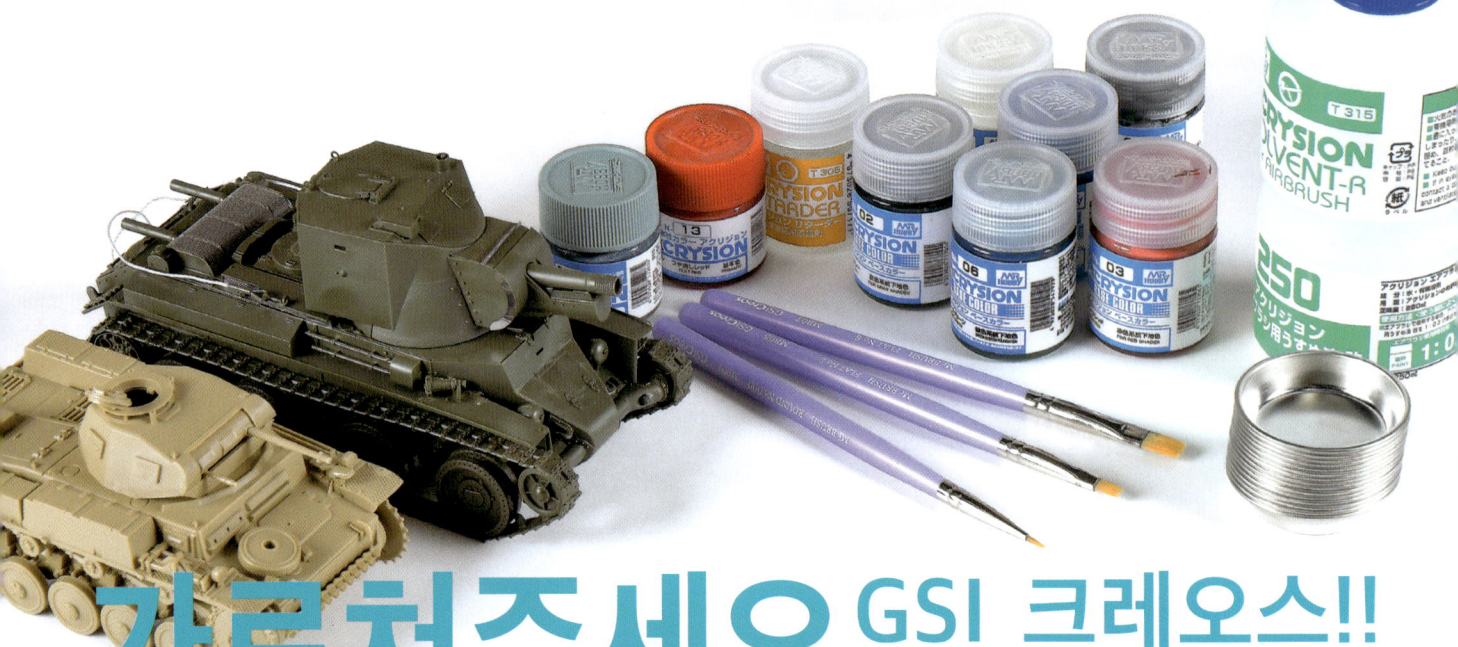

가르쳐주세요 GSI 크레오스!!
아크리존 붓도색 방법!!
이걸로, 여러분도 오늘부터 아크리존 데뷔!!

앞 페이지에서 도료의 특징을 소개한 아크리존. 이것저것 칠해봤지만 왠지 마음대로 안 되네… 그래서 아크리존을 만든 GSI 크레오스께 직접 칠하는 방법을 배워보기로 했습니다!!! 전차 포탑이 점점 멋있어집니다!! 이 방법으로, 여러분도 아크리존 붓도색을 즐겨보세요!

1

아크리존 외에 수성 서페이서 500을 준비

◀수성 서페이서 500은 붓도색이 아주 잘 칠해지게 해주는 편리한 서페이서. 1000번은 아크리존과의 상성이 그다지 좋지 않지만(도막이 갈라질 가능성이 있음), 500번은 잘 잡아주고 갈라지지도 않습니다!

NAVIGATOR
카타야마 유이치(GSI 크레오스)/주식회사 GSI 크레오스 하비부 소속. 래커 도료, 수성 도료 등 현재 GSI 크레오스의 주력 상품을 다수 기획. 매일 업무에서 단련된 높은 레벨의 조색 기술을 지녔습니다.

2

전체에 수성 서페이서 500을 뿌려줍니다

3

워터 팔레트를 준비!

◀Mr.워터 팔레트는 아크리존을 오래 가게 해주는 팔레트. 스펀지에 머금은 수분이 시트를 통과하면서 아크리존을 계속 촉촉하게 해줍니다.

스펀지를 적셔주세요

이제 스펀지 위에 시트를 얹어주면 끝

▲전체에 수성 서페이서 500을 골고루 뿌려줍니다. 래커 500번보다 입자가 곱고, 표면이 울퉁불퉁해지지도 않습니다. 미세한 요철이 생기는데, 이 요철이 도료를 잡아줘서 확실하게 정착&발색하게 해줍니다.

▲먼저 스펀지에 물을 적셔주세요. 넘칠 정도로 넣지 않게 조심하면서.

▲상품에 동봉된 전용 시트를 위에 얹어주면 준비 완료!

| 도료를 여러 번 저어주세요! | 전용 리타더를 한 방울만 넣습니다 | 리타더와 도료를 잘 섞어주세요 |

  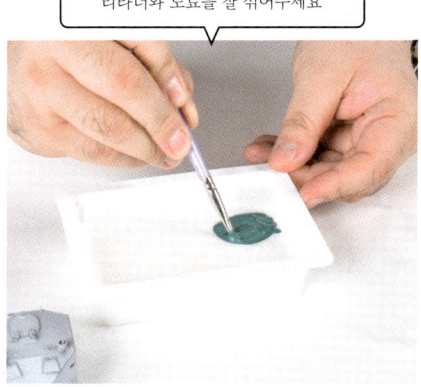

▲먼저 아크리존의 밑칠이 되는 아크리존 베이스 컬러부터. 꼼꼼하게, 바닥에 고인 도료 덩어리 등도 잘 섞어주세요.

▲아크리존의 칠하는 느낌이 훨씬 좋아지는 신제품 '아크리존 리타더'. 한 방울만 넣어주세요. 그것만으로도 도료가 잘 퍼지고, 훨씬 칠하기 편해집니다.

▲도료와 리타더를 잘 섞어줬으면 준비 완료.

| 리타더 덕분에 쑥쑥 칠해집니다 | 다 칠한 붓은 '물'로 헹구세요 | 아크리존 베이스 컬러는 붓 자국이 남아도 됩니다! |

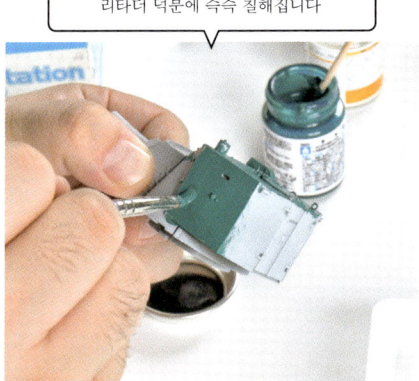  

▲도료가 아주 잘 퍼지게 돼서, 포탑의 넓은 면도 쭉쭉 칠할 수 있습니다.

▲붓은 물에 헹구면 OK!!! 도색을 끝내거나 다른 색을 칠하기 전에는 물로 잘 씻어주세요.

▲두 번에 걸쳐서 전체에 아크리존 베이스 컬러를 칠했습니다. 아크리존 베이스 컬러는 밑칠 도료니까 붓 자국이 생겨도 OK!!! 다음에 칠할 도료의 정착을 돕기 위한 작업입니다.

| 지금부터 일반 아크리존을 칠합니다 | 리타더를 한 방울만 넣어줍니다 | 잘 섞어주세요 |

▲아크리존 베이스 컬러처럼 잘 섞고, 도료를 워터 팔레트 위에 덜어줍니다. 녹색을 칠하겠습니다.

▲아까와 마찬가지로, 아크리존 리타더를 한 방울만 추가합니다.

▲잘 섞었으면 아크리존을 칠합시다!!

| 첫 번째는 밑색이 비치는 정도로! | 두 번 칠해서 발색&번들번들 | 아크리존은 혼색이 가능합니다 |

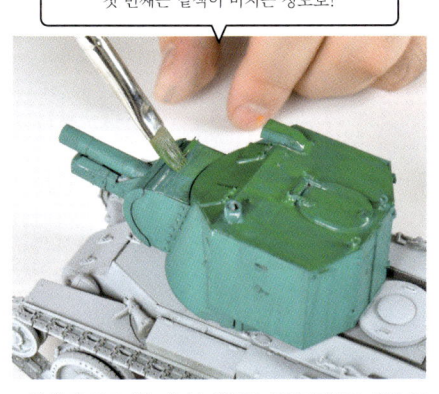  

▲한 번에 아크리존 베이스 컬러를 묻어버리려고 하면 도막이 엄청나게 두꺼워집니다. 첫 번째는 밑색이 비치는 정도로 하고, 두 번째에서 제대로 발색하게 합니다.

▲두 번째 칠해서 전체가 녹색이 됐습니다. 아크리존은 무광 도료가 많은 에멀전계 도료 중에서도 '유광' 도료가 충실한 것도 특징입니다.

▲병에 있는 녹색은 너무 밝아서, 러시안 그린 같은 색을 만들겠습니다. 먼저 노란색과 녹색을 섞겠습니다. 노란색 1에 녹색 2정도로.

PART.1 AQUEOUS HOBBY COLLAR & ACRYSION by GSI Creos 041

빨간색을 2~3방울 넣어주세요

▲러시안 그린은 노란색과 녹색을 섞은 뒤에 빨간색을 두 세 방울 넣어주세요. 괜찮은 느낌이 됩니다.

혼색도 잘~ 저어주세요

▲완전히 섞이도록 잘 저어주세요. 완성된 도료를 워터 팔레트 위에 옮겨두면, 오랫동안 사용할 수 있습니다.

멋진 그린!

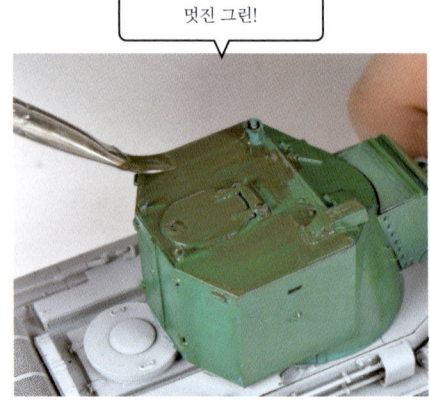

▲이렇게 조색도 즐길 수 있어서, 즐거움이 더욱 커져 갑니다.

번들번들 그린!!

▲밑색의 밝은 녹색이 비치거나 완전히 은폐되지 않아서 더 멋집니다. 붓도색에서만 가능한 도색면입니다. 그나저나 너무 번들거리네요.

탑코트는 수성 프리미엄 탑코트로!!

◀아크리존 코팅에 최고의 상성은 수성 프리미엄 탑코트. 무광을 뿌려주면 매끄러운 무광이 되고, 붓 자국도 눈에 띄지 않습니다. 조금 전의 번들거리는 느낌이 사라지고 붓 자국도 잡아준 것이 보일 겁니다.

Mr. 웨더링 컬러를 사용해봅시다

▲아크리존으로 칠한 면에 먹선이나 웨더링을 넣는 데 딱 좋은 것이, 동사의 Mr.웨더링 컬러. 이번에는 표면에 희미한 보라색 도막을 칠해줄 수 있는, Mr.웨더링 컬러 필터 리퀴드 레이어 바이올렛을 칠하겠습니다.

필터링이라는 테크닉입니다

▲필터 리퀴드는 붓도색에 의한 붓 자국이나 그러데이션의 강약을 줄여주거나, 얇은 도막에 그림자 색을 표현해줄 수 있습니다. 모형 세계에서는 이것을 필터링이라고 합니다.

디테일의 구석에도 흘려 넣습니다

▲몰드와 디테일 부분에도 도료를 흘려 넣습니다.

도료가 고인 부분은 붓으로 퍼트려주세요

▲도료가 너무 고이면 마른 뒤에 얼룩이 지거나 지저분해 보이니까, 잘 퍼트려주세요.

면봉으로 닦아주세요

▲표면에 고인 불필요한 도료는 면봉으로 닦아주면 단번에 지울 수 있으니까, 잘 사용해서 조정해주세요.

완전히 마르면 이렇게!! 완성!!!

▲필터 리퀴드 덕분에 녹색의 색감이 정리돼서 상당히 멋진 포탑이 완성됐습니다. 필터링은 보라색 외에 좋아하는 색으로도 해보세요!

PICKUP 픽업!!!

수성 서페이서 500을 파트너로 삼아보자!!

그야말로 수성 붓도색 전용 서페이서

아크리존 붓도색에서도 사용한 수성 서페이서 500은, 다른 수성 도료에서도 든든한 아군이 됩니다. 일반 수성 하비 컬러의 정착력도 크게 향상되니까 꼭 써보세요!

수성 서페이서 500 스프레이
● 발매원/GSI 크레오스 ● 990엔, 발매 중

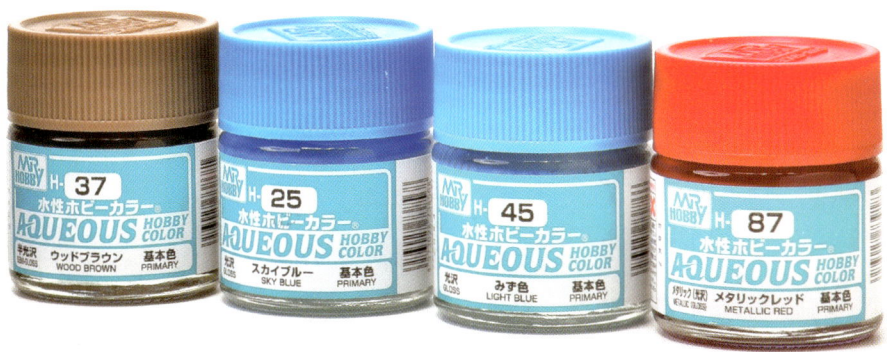

💬 도료가 안 먹혀~~

▲플라스틱 표면에 묽은 도료를 그대로 칠했더니 이렇게 흘러버린 적이 있으시죠?

💬 500번이 나설 차례!!

▲이럴 때 수성 서페이서 500이 필요합니다! 냄새도 순해서 사용하기 좋습니다.

💬 잘 흔들어주세요!!

▲수성 서페이서 500은 입자도 다른 서페이서보다 거친 편이니까, 그만큼 잘 흔들어주세요. 안에 있는 도료가 잘 섞여야 제 성능을 발휘합니다.

💬 GO!! 스프레이!!

▲20cm 정도 떨어져서 뿌립니다. 한 곳만 너무 두꺼워지지 않게, 여러 방향에서 뿌려주세요.

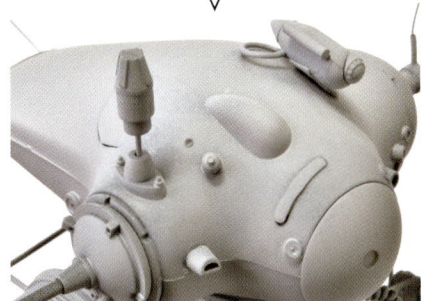

💬 보기에는 그렇게 거칠지 않아요!

▲500번이면 1000번보다 상당히 거친 게 아닐까… 라고 걱정할 수도 있지만, 이 수성 서페이서 500은 표면이 꺼끌꺼끌해질 정도로 거친 건 아니고, 미세한 요철이 생기는 정도입니다. 이 위에 도료를 칠하면 전혀 눈에 띄지 않습니다.

💬 묽은 도료도 물드는 것처럼 색이 정착!

▲아까는 흘러내렸던 묽은 농도라도, 서페이서가 도료를 잘 잡아줘서 이렇게 발색&정착합니다.

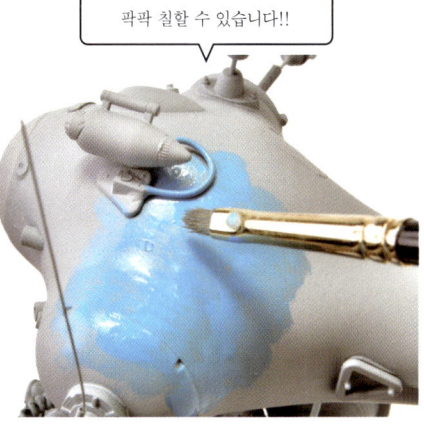

💬 콱콱 칠할 수 있습니다!!

▲도료를 잘 잡아줘서 흘러내리지 않으니까, 마음 놓고 칠할 수 있습니다. 꼭 한 번 써보세요!!

PART.2

타미야 컬러 아크릴 도료 by 타미야
TAMIYA COLOR ACRYLIC PAINT by TAMIYA

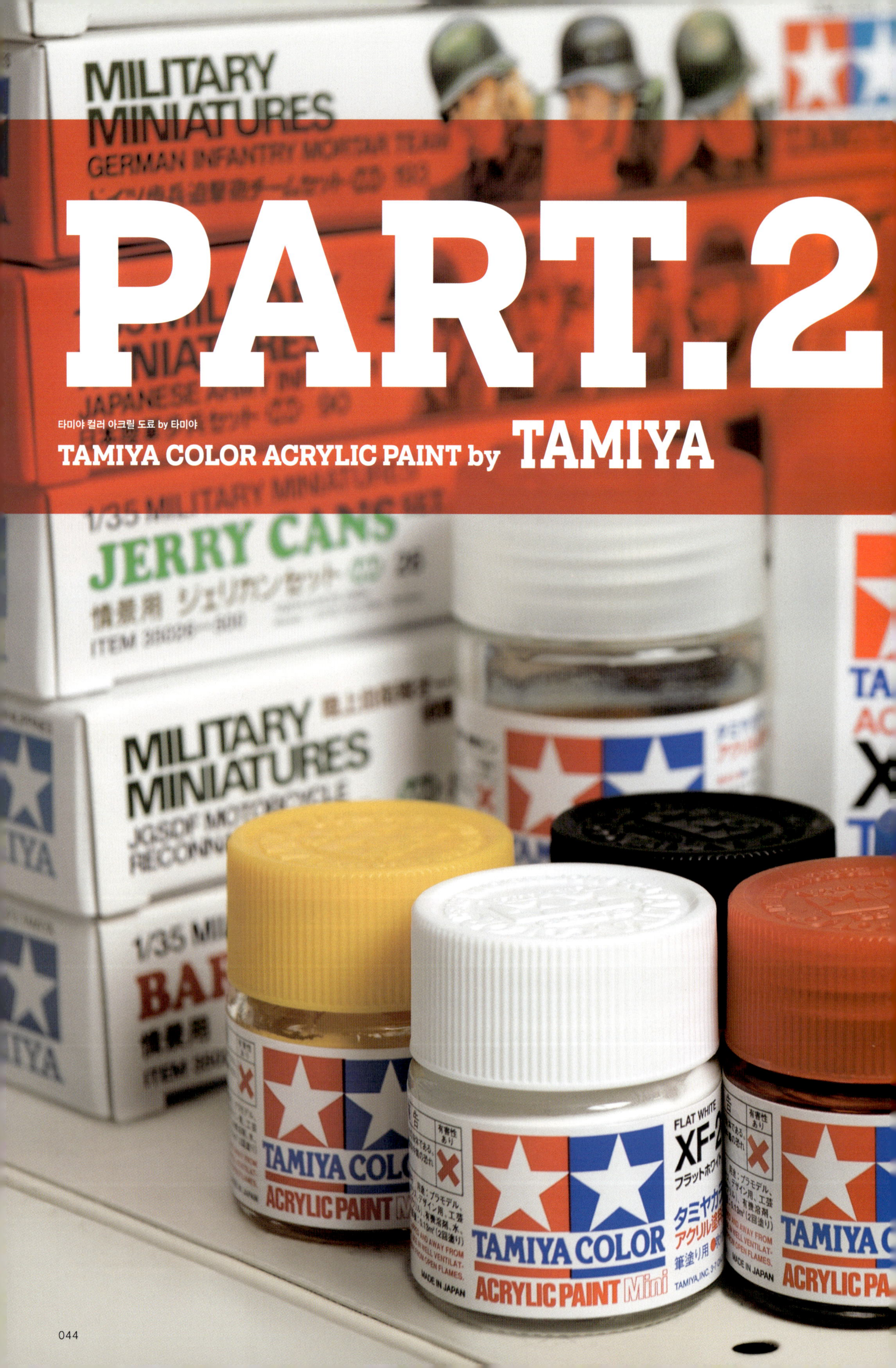

타미야의 색 지정 그대로 칠할 수 있다!
타미야의 색으로 모형의 색이 몸에 익는다!

전차, 비행기, 배, 자동차 모델……
타미야가 발매한 모든 모형에
대응하는 수성 아크릴 도료

세계적인 모형 메이커 타미야를 대표하는 소재가 이 「타미야 컬러 아크릴 도료」입니다. 타미야 프라모델 조립 설명서의 색 지정에는 꼭 이 아크릴 도료가 등장합니다. 그래서 타미야 프라모델을 만들 때 타미야 아크릴이 있으면 색을 고르느라 고민할 필요 없이 도색을 즐길 수 있습니다.

그리고 타미야가 발매하는 모티프는 각 장르의 왕도라고 할 수 있는 매력적인 것들 투성이. 그런 모형을 통해서 '프라모델에서의 멋진 색'을 타미야의 색으로 배울 수 있다는 점도 이 도료의 매력입니다.

많은 모형점에서 당연하다는 것처럼 판매하는 이 도료, 안 써본 분은 꼭 한 번 써보세요. 냄새도 적고 잘 칠해지는 표준적인 사용감에 틀림없이 놀라실 겁니다.

타미야 컬러 아크릴 도료 미니
● 발매원/타미야 ● 150엔~

타미야 컬러 아크릴 도료의 특징을 알아보자!!
타미야의 기본 수성 도료와 친해지자

많은 모형 양판점에서 구입할 수 있는, 일본을 대표하는 수성 아크릴 도료 「타미야 컬러 아크릴 도료」. 동사의 모형을 멋지게 칠할 수 있는 풍부한 라인업을 지녔고, 팬도 많은 도료입니다. 붓도색으로 칠하기도 좋아서, 특성을 알아두면 여러분도 내일부터 타미야 아크릴 도료를 쓰고 싶어질 겁니다!!!

● 설명서의 「X-○○」「XF-○○」이 도료 번호다!!!

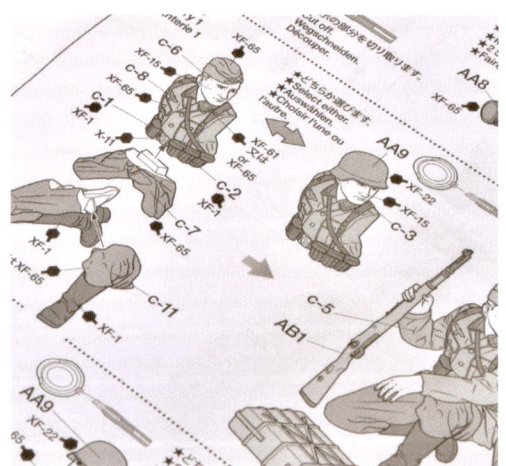

▲이쪽은 타미야의 프라모델 설명서 일러스트. 일러스트에 XF-○○이나 X-○○ 같은 표기가 있는데, 이것이 타미야 컬러 아크릴 도료를 뜻합니다. 이 표시가 있는 부분은, 이 번호의 도료를 칠하면 된다는 뜻입니다.

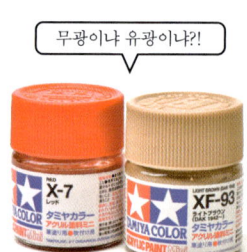

무광이냐 유광이냐?!

▶타미야 컬러 아크릴 도료의 번호 앞에 있는 「X」, 「XF」는 유광, 무광을 뜻합니다. X는 유광 도료, XF는 무광 도료입니다. 꼭 기억해두세요!!

도료를 사용하기 전에 잘 섞어주세요!!

▲칠하기 전에 조색 막대로 잘 섞어주세요. 덜 섞어주면 광택이나 무광이 얼룩덜룩하고 지저분해집니다. 기본입니다!!!

타미야 아크릴 용제도 준비하세요!

▶도료를 희석하거나 붓을 씻을 때는 전용 「타미야 컬러 아크릴 용제」를 사용합니다. 특대 사이즈를 하나 사두면 좋습니다.

● 붓도색 준비

▲잘 섞은 도료와 아크릴 용제를 팔레트와 별개의 위치에 각각 덜어두세요. 그리고 붓에 아크릴 용제를 잔뜩 머금어줍니다. 이 용제가 도료를 붓에서 밀어내는 펌프 역할을 합니다.

▲다음으로 키친타월에 붓끝을 한 번 콕, 하고 찍어줍니다. 이렇게 해서 끝에 많이 고여 있던 여분의 용제를 빨아냅니다. 이렇게 해서 도료가 너무 묽어지는 것을 막아줍니다.

▲도료를 붓끝에 묻혀줍니다. 붓에 머금게 하면 너무 두껍게 칠해지니까, 도료가 붓에 잔뜩 고일 정도로 묻히지 말아주세요.

▲붓에 도료를 묻혔으면 바로 칠하지 말고, 여기서도 키친타월에 한 번 콕. 남는 도료를 키친타월에 흡수시켰으면 붓도색 준비 끝.

● 유광 도료 X 넘버를 칠해봅시다

▲붓이 준비됐으니까, 실제로 유광 빨강을 칠해보겠습니다. 타미야 컬러 아크릴 도료는 잘 펴져서 정말 칠하기 쉽습니다.

▲도료가 마르면… 붓도색으로도 이 정도 광택을 즐길 수 있습니다!

▲붓도색을 끝낼 때나 사용할 색을 바꿀 때는, 아크릴 용제로 붓을 잘 씻어주세요.

● 무광 XF 넘버를 칠해봅시다

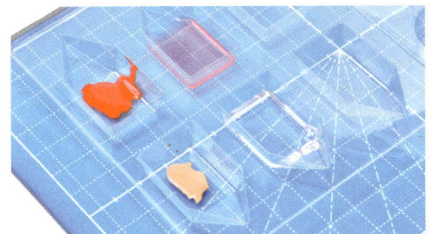  

▲무광계 XF 넘버를 사용할 때는, 아크릴 용제를 유광 X 넘버와 따로 사용하는 게 좋습니다. 유광 도료를 씻은 용제로 희석하면 도료에 광택 성분이 들어갈 수도 있습니다.

▲X 넘버보다 무광인 XF 넘버 쪽이 도료가 잘 정착되고 칠하기 편합니다. 옷 주름 사이에도 속속 칠해집니다.

▲타미야 컬러 아크릴 도료 미니의 무광은 강력!!! 슥 칠했을 뿐인데 이렇게 매트한 질감이 됩니다.

● 클리어 도료를 조금 넣어서 반광으로 만들어도 좋습니다!

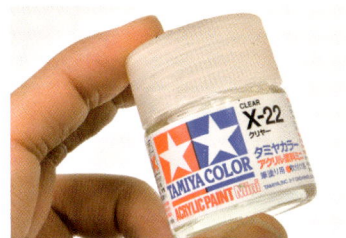  

▲타미야 컬러 아크릴 도료 미니의 무광은 상당히 버석버석한 질감이 됩니다. 이럴 때 도움이 되는 것이 「클리어」!! 조금만 섞어주면(정말로 한두 방울) 반광 타미야 아크릴 도료가 완성됩니다!

▲클리어 도료도 잘 섞어준 뒤에, 사용할 XF 넘버 도료에 1~2 방울 넣어줍니다.

▲만든 도료로 칠했더니 웃옷은 반광에 아래는 무광이 됐습니다. 클리어를 넣어주면 더 매끄러워지고 분위기도 좋아집니다.

● 에나멜 도료는 우리 친구!

▲타미야에서 발매한 에나멜 도료와 상성 발군! 같이 사용해봅시다!

▲이쪽은 에나멜 도료로 개발한 타미야의 먹선 도료. 뚜껑에 붓이 있어서, 열기만 해도 바로 칠할 수 있는 편리한 아이템입니다.

▲타미야 컬러 아크릴 도료로 칠한 위에, 먹선 도료를 척척 발라줍니다.

◀남는 부분을 면봉으로 벅벅 닦아주겠습니다.

▶먹선이 제대로 들어갔고, 아크릴 도료에 대미지도 없습니다!

●먼저 음영색을 칠하면 좋습니다!

전용 파우치에 수납. 가지고 나갈 수도 있다!

▲세필이나 평붓, 드라이 브러시용 붓 등 다양한 종류의 붓들을 파우치에 넣었습니다. 붓의 특성을 알면, 붓의 개수만큼 표현의 폭이 넓어집니다.

타미야의 파인 서페이서는 최고!

▶수성 붓도색이 메인인 외국에서도, 밑칠은 래커가 주류. 래커 도료는 위에 수성 도료를 칠해도 밑칠이 녹지 않고 프라이머 효과를 발휘하기 때문입니다. 환기를 잘 하면서 뿌려주세요. 사용한 색은 옥사이드 레드.

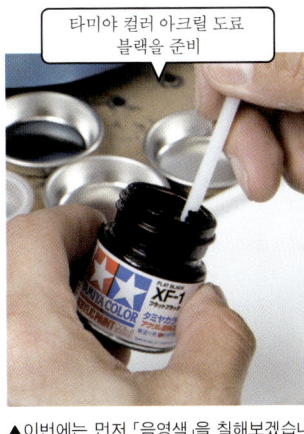

타미야 컬러 아크릴 도료 블랙을 준비

▲이번에는 먼저 「음영색」을 칠해보겠습니다. 이렇게 해주면 억지로 구석까지 칠하지 않아도 우묵한 부분에 음영이 생깁니다. 그렇게 해서 도색이 두꺼워지는 걸 막아줍니다.

아크릴 용제로 희석해줍니다

▲타미야 컬러 아크릴 도료 플랫 블랙을 페이퍼 팔레트에 덜어줍니다. 아크릴 용제로 살짝 희석하고, 피규어의 주름이나 몰드에 검은 도료가 흘러 들어가는 농도로 조정합니다.

기본 도색 전에 몰드에 흘려 넣습니다!!

▲조금 전의 도료를 전체에 칠해줍니다. 묽은 도료로 피규어 전체를 씻어주는 느낌으로 붓을 움직이세요.

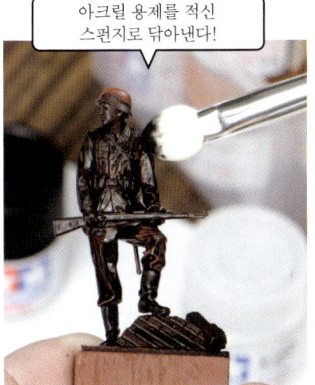

아크릴 용제를 적신 스펀지로 닦아낸다!

▲아크릴 용제를 적신 스펀지로 남는 플랫 블랙을 닦아내세요. 밑칠이 래커 도료니까, 아크릴 용제에 녹지 않습니다.

아래쪽부터 칠합니다. 우묵한 부분을 슬쩍 칠하세요

▲바로 진한 도료로 칠하지 않고, 두 번에 나눠서 칠합니다. 첫 번째는 주름이나 우묵한 부분 등 도료를 칠하기 힘든 부분을 노리세요. 옥사이드 레드가 살짝 비치는 정도면 됩니다.

마르면 표면을 다시 한 번!

▲첫 번째 칠이 완전히 마르면(이게 정말 중요) 같은 색으로 겹칠합니다. 진한 도료로 단번에 칠하는 것보다 두 번에 나눠서 칠하는 쪽이 깔끔하게 칠해집니다.

바지 다음에 재킷

▲재킷은 디테일이 집중된 부분. 진한 도료를 칠해버리면 디테일이 묻히기도 합니다.

플랫 플레시가 피부색!

▲피부색은 「Flesh」라는 이름으로 라인업. 피규어의 피부색은 눈이 제일 먼저 가는 곳. 잘 섞은 도료를 칠해줍니다.

두 번에 나눠서 매끄럽게

▲피부색은 특히 신중하게. 이 사진처럼 첫 번째는 전체에 살짝 색이 입혀지는 정도면 됩니다. 아래의 검은색이 비쳐도 신경 쓰지 마세요.

손목도 칠한다

▲완전히 마른 묽은 피부색 위에 다시 한 번 칠하면, 타미야 컬러 아크릴 도료 피부색 본래의 색이 됩니다. 손목도 같은 공정으로 칠하세요!

멜빵 밑칠에 목갑판색을 칠합니다

▲멜빵은 갈색이 잘 발색되도록, 밑칠로 목갑판색을 칠했습니다. 멜빵과 벨트는 삐져나오기 쉬운 포인트니까 신중하게 칠하세요.

리터치도 간단

▲하지만 리터치는 간단합니다! 타미야 컬러 아크릴 도료는 차폐력이 강해서, 삐져나온 부분이 완전히 마른 뒤에 덧칠해버리면 OK입니다.

파우치를 칠하자

▲다음으로 벨트 등에 장비한 파우치를 칠합니다. 작은 부품을 칠할 때일수록 도료의 성능을 최대한 발휘해보고 싶습니다. 정말로 잘 섞어주세요.

작은 부품이니까 신중하게

▲삐져나왔을 때 리터치는 간단하지만, 그만큼 두꺼워집니다. 리터치를 최소한으로 하기 위해 신중하게 칠하세요.

멜빵 부분은 삐져나오지 않게!

▲멜빵과 어깨끈은 색이 다릅니다. 벨트 모양 디테일이 교차하는 부분 등은 특히 신중하게 칠하세요.

보이는 곳만 제대로 칠하자

▲처음에 음영색을 칠한 효과가 발휘됩니다. 장비들과 겹쳐진 부분은 칠하기 힘들고, 억지로 안쪽까지 칠하려고 하면 더러워집니다. 여기서 보이는 곳만 칠해주면, 어두운 부분은 그림자가 생겨서 자연스럽게 보입니다.

헬멧 도색

▲헬멧 정도는 쉽지! 라고 생각하면서 대충 칠하면 큰일이 납니다. 바로 아래에 리터치하기 힘든 '얼굴'이 있기 때문입니다. 얼굴에 도료가 묻지 않도록, 특히 헬멧 테두리는 신경 써서 칠해주세요.

나무 부분은 헐 레드로 도색

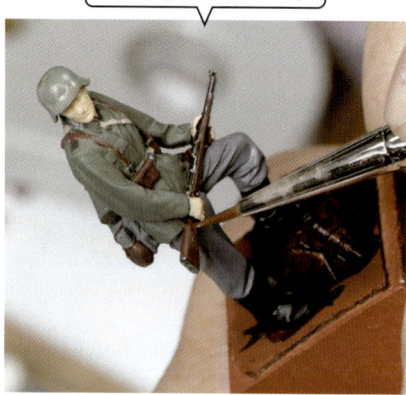

▲총의 나무 부분은 밑색인 옥사이드 레드로 둬도 되지만, 헐 레드로 칠하면 더 나무처럼 보입니다.

『기본 도색 완료!!』

▶이걸로 기본적인 구분 도색 완료!! 옥사이드 레드 서페이서와 음영색 덕분에 단순 도색으로도 음영이 생겼다는 걸 알 수 있습니다.

●타미야 컬러 아크릴 도료의 장점을 끌어내는 「타미야 컬러 에나멜 도료」

『에나멜 도료의 마법으로 단순 도색이 더 멋지게 변합니다』

◀에나멜 도료는 잘 퍼지는 특성을 살려서, 타미야 컬러 아크릴 도료로 칠한 모형의 세세한 부분에 사용하거나 에나멜 용제로 희석해서 몰드에 먹선을 넣는 데도 사용합니다. 이번에는 에나멜 도료를 묽게 희석해서 모형에 칠하는 「워싱」 기법을 써보겠습니다.

얼굴을 물들일 도료를 만듭니다

◀플랫 플레시 상태에서는 단색에다 생기가 느껴지지 않습니다. 얼굴에 희석한 에나멜 도료를 칠해서, 얼굴에 붉은 느낌을 주겠습니다. 사진의 색을 1:1:1로 섞고 용제로 희석해서 사용합니다.

▶얇게 칠해주면 도료가 몰드의 우묵한 부분으로 자연스럽게 흘러 들어가는데, 이걸로 OK입니다. 먹선 도료 「핑크 브라운」을 사용해도 좋습니다.

전체에 얇게 칠해주면 OK

▲얼굴에 사용한 갈색을 군복에도 칠해줍니다. 이걸로 옷의 주름이나 벨트, 멜빵의 경계선 등이 두드러지면서 입체감이 크게 증가합니다.

군복도 전체를 씻어주듯 칠합니다

도료를 잘 퍼트려주세요

▲도료는 전체에 잘 퍼트려주세요. 도료가 고인 부분이 있으면 얼룩져서 지저분해 보입니다.

마르면 분위기가 발군!!!

● 드라이 브러시는 분위기를 내는 최고의 지름길

타미야 컬러 아크릴 도료를 사용합니다

도료를 붓에 묻힌 뒤에 티슈로 닦아내세요

◀도료를 붓에 묻힌 뒤에 티슈나 키친타월로 붓의 도료가 버석버석해질 정도로 붓을 닦아주세요. 그 상태의 붓을 모형에 문지르면 요철 부분에만 도료가 묻어서 입체감이 살아납니다.

◀다음으로 타미야 컬러 아크릴 도료로 체인지, 군복, 발밑의 벽돌, 헬멧 등의 벗겨진 은색을 드라이 브러시로 표현합니다. 워싱으로 어두워진 모형에, 드라이 브러시로 하이라이트를 줘서 입체감을 강조합니다.

옷 주름을 노리자!!

◀군복에는 미디엄 그레이를 사용합니다. 드라이 브러시의 포인트는 옷 주름 등을 노리고 붓으로 살살 문질러 주는 것. 너무 재미있어서 전부 문질러버리면 너무 하얘지니까 조심하세요.

▶바지의 자잘한 주름은 붓으로 문지른 순간에 디테일이 살아나서 흥분됩니다!

바지가 멋있어진다

▲벽돌은 헐 레드로 드라이 브러시. 건축물 계열은 드라이 브러시를 해주면 단번에 그럴듯해집니다. 아주 추천하는 포인트입니다.

벽돌에도 드라이 브러시!

드라이 브러시 완료!

◀워싱만 했을 때보다 입체감이 더 강조되고 멋있어졌습니다! 드라이 브러시는 간단히 음영의 강약을 만들 수 있는 아주 재미있는 기법입니다. 이대로는 너무 밝으니까 하나 더 추가하겠습니다.

다시 워싱으로 톤을 조절!

◀에나멜 도료 헐 레드를 에나멜 용제로 희석해서, 얼굴 등 피부를 제외한 부분을 워싱 해줍니다. 이러면 드라이 브러시 때문에 너무 두드러진 부분의 톤이 조절됩니다.

도료는 묽게!

▶도료가 진하면 단번에 톤이 떨어져서 어두워집니다. 처음 워싱 때보다 묽게, 전체를 가볍게 씻어주는 느낌으로 발라주세요.

바르기만 해도 지면이 생긴다!! 정경 텍스처 페인트

▲이 프라모델은 건물 조각이 있어서, 칠하기만 하면 지면이 생기는 타미야의 정경 텍스처 페인트를 바르겠습니다. 베이스 표면에 바르기만 하면 됩니다. 사용한 것은 라이트 샌드입니다.

텍스처 페인트를 먹선 도료로 물들이자!

▲텍스처 페인트가 마르면 도색할 수 있습니다. 먹선 도료 다크 브라운으로 삭삭 칠해주면 좋은 느낌으로 물듭니다.

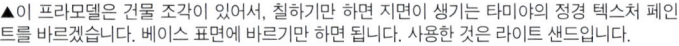

무광으로 마감해줍니다

◀워싱이 마르면 전체의 광택을 조절하기 위해 프리미엄 탑코트 무광을 뿌려줍니다.

▶헬멧과 반합 등의 벗겨진 부분은 무광 마감한 뒤에 하는 것이 포인트. 반짝이는 악센트가 됩니다.

벗겨진 부분을 드라이 브러시로 표현!

약 2시간 만에 독일병 완성!!

적은 수고로 즐기는
피규어 프라모델 붓도색

작금의 피규어 프라모델 조형은 정말 훌륭합니다. 그래서 옛날처럼 꼼꼼히 칠하면서 피규어를 즐기는 것 외에도, 이번처럼 단순 도색→워싱&드라이 브러시라는 적은 수고로도 충분히 분위기가 나고 멋있어집니다. 하나라도 완성했다는 성공 체험은 정말 중요해서, 하나를 완성했으면 다음 작품은 더욱 멋지게 만들 수 있습니다.

타미야 컬러 아크릴 도료는 정말 기본적인 도료고, 많은 점포에서 팔고 있습니다. 모형과 같이 필요한 색을 구입하고, 열심히 붓도색을 즐겨보세요.

◀실제 크기는 사진보다 많이 작기 때문에, 사진에서 보이는 거친 부분들도 육안으로는 거의 보이지 않습니다. 일단은 이번처럼 단순 도색부터 시작해보세요. 그러면 '좀 더 이렇게 칠해보고 싶다!'라는 욕구를, 일단 하나를 완성하는 것을 통해서 해결할 수 있을 것입니다.

◀장비의 벗겨진 부분이 멋진 포인트가 됐습니다.

▲실제 크기는 이 사진과 비슷합니다. 옷 주름의 하이라이트 등이 자연스러워서 분위기가 납니다.

▲타미야의 정경 텍스처 페인트는 아주 추천하는 도료. 이렇게 칠해주기만 해도 피규어의 지면을 만들어줄 수 있습니다.

PART.2 TAMIYA COLOR ACRYLIC PAINT by TAMIYA

「단색 전차」로 오늘부터 여러분도 붓도색 데뷔!!
1/48 밀리터리 미니어처 시리즈와 붓도색은 최고의 조합

TAMIYA 1/48 scale plastic kit
U.S. MEDIUM TANK
M4A3E8 SHERMAN "EASY EIGHT"
modeled&described by mutcho

타미야 1/48 스케일 플라스틱 키트
미군 전차 M4A3E8 셔먼 이지에잇
제작·글/뭇쵸

붓 자국과도 친해질 수 있는 전차 모형은 최고의 붓도색 파트너

「1/48 밀리터리 미니어처 시리즈」 전차 붓도색에 도전해봅시다!! 칠할 사람은 월간 하비재팬에서도 「수성 도료 페인팅 LAB.」을 연재하고 있는 뭇쵸 씨. 뭇쵸 씨는 이번이 첫 전차 모형!!! 그런 뭇쵸 씨가 타미야 컬러 아크릴 도료로 어떻게 전차 모형을 칠할까? 지금부터 전차 모형 붓도색에 도전해보자! 라고 생각하는 분께 딱 맞는 기사. 기대해주세요!!!

이 작례의 POINT!!
- 전차 모형은 밑칠을 확실하게 한 뒤에 기본색을 칠하면 음영이 생겨서 멋지다!
- 드라이 브러시를 응용한 「두드려 칠하기」로 멋진 붓 자국을 만들자!
- 헤어 스프레이 치핑에 도전!!
- 작은 피규어는 너무 열심히 칠하지 않아도 OK! 분위기를 중시해서 칠해보자!!

NAVIGATOR
뭇쵸/주로 게임 등의 미니어처를 중심으로 도색 활동을 해온 페인터. 캐릭터 모델을 중심으로 붓도색을 했지만, 스케일 모델은 이번이 처음입니다!!!

● 붓도색 준비!

▶ 서페이서를 뿌려주면 도료가 잘 정착되는 건 물론이고, 밑칠의 색을 살려서 그러데이션 도색도 할 수 있습니다. 전차의 경우에는 궤도 주변에만 '검정'을 뿌려주면 나중에 정말 편해집니다. 궤도의 금속색과 보기륜의 고무가 거무스름하니까, 이 서페이서 색을 살려서 적은 수고로 칠할 수 있습니다.

밑칠 서페이서는 2색을 사용하면 GOOD!!

USA하면 올리브 드랍!!

▲미군 전차라면 역시 올리브 드랍! 타미야 컬러 아크릴 도료 올리브 드랍은 조색하지 않은 병 상태에서도 좋은 색이라서 추천합니다.

너무 과했나! 정도까지 섞어줍니다

▲도색의 시작, 섞기를 제대로 안 하면 도료의 성능을 제대로 발휘할 수 없습니다. 어떤 종류의 도료건 조색 막대로 잘 섞어주세요.

전차는 밑면으로 붓칠 연습을 할 수 있다!!!

▲전차 모형의 좋은 점은, 완성하면 거의 보이지 않는 밑면으로 붓칠 연습을 할 수 있다는 점. 색감을 보거나 칠하는 느낌을 확인하는 등, 상당히 편리한 곳입니다.

● 차체 도색 시작!

우묵한 부분부터 칠하자!!

▲부품의 구석이나 디테일의 안쪽 부분은 평범하게 칠하면 도료가 잘 안 칠해집니다. 먼저 칠해서 칠이 두꺼워지는 걸 막습니다.

넓은 면은 붓을 길게 놀려서 단번에 칠하자!

▲타미야 컬러 아크릴 도료는 잘 퍼집니다. 이런 넓은 면은 붓을 길게 움직여서 단번에 칠해도 됩니다.

구석에 빠트린 곳이 없는지 확인!

▲우묵한 부분이 제대로 칠해졌는지, 각 부분을 확인합니다. 그리고 완전히 마르면 다음 단계로 넘어갑니다.

● 붓을 헹구자!

아크릴 용제를 도료 접시에 덜자

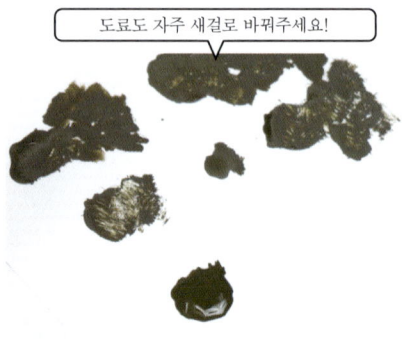

붓을 바꿀 테니 일단 헹굽니다!

도료도 자주 새걸로 바꿔주세요!

▲붓도색 중에 붓을 헹구거나 도료를 희석하는 아크릴 용제. 이쪽은 사용할 만큼 도료 접시에 덜어서 사용합니다.

▲다른 붓으로 바꿀 때는 반드시 헹궈주세요. 붓에 도료가 묻은 채로 오래 놔두면, 도료가 굳어서 붓에 큰 대미지를 줍니다.

▲팔레트에 덜어놓은 도료는 시간이 지나면 말라버립니다. 억지로 쓰려고 하지 말고, 마르면 병에서 새로 덜어서 사용하세요.

● 드라이 브러시용 붓으로 「스탬프 도색」이다!

드라이 브러시 전용 붓으로 바꿉니다!

붓에 도료를 남기는 느낌으로

바른다기보다 「두드린다」!!!

▲이쪽은 시타델의 드라이 브러시 전용 붓. 붓끝이 단단해서 끝부분을 문질러서 색을 입히는 「드라이 브러시」가 아주 멋지게 표현됩니다. 하지만 이번에는 드라이 브러시를 응용한 테크닉을 사용합니다.

▲드라이 브러시는 붓에 머금은 도료를 키친타월 등으로 색이 안 묻어날 정도로 닦은 상태에서 시작하지만, 이번에는 도료가 남은 상태에서 합니다.

▲드라이 브러시 전용 붓의 단단한 털을 활용해서, 도료를 묻힌 뒤에 사진처럼 두드리면서 색을 입혀줍니다. 두드리는 데서 나오는 랜덤한 자국 덕분에, 표정이 풍부하고 멋진 붓자국이 됩니다.

붓은 세로로도 가로로도!

◀붓으로 두드릴 때 가로세로를 바꿔가면서 두드려주면, 표면의 표정이 더 다양해집니다.

▶전체에 스탬프를 해줬으면 일단 종료. 올리브 드랍은 무광 도료라서, 이대로 계속 칠하면 너무 버석버석한 느낌이 됩니다. 또한 무광 도료 위에 덧칠을 하면 도료가 잘 정착돼서, 다음 도색이 수월해집니다.

한 번에 전부 차폐하지 않아도 OK!!!

●두 번째 칠은 조색해서!

> 클리어 그린을 섞겠습니다!

▲두 번째 칠은 올리브 드랍에 클리어 그린을 2방울 정도 섞어줍니다. 이러면 반광택 올리브 드랍이 되고 색감도 약간 밝아집니다. 이 도료로 또 두드려주면 절묘한 그러데이션이 생겨납니다.

> 너무 많이 넣지 않도록! 2방울이면 OK

▲클리어 그린을 잘 섞었으면, 조색 막대로 신중하게 덜어줍니다. 타미야 조색 막대로 2방울 정도 떨어트려주면 됩니다.

> 타미야 컬러 아크릴 용제를 소량

▲두 색이 잘 섞이도록 타미야 컬러 아크릴 용제를 넣어줍니다. 이쪽도 한두 방울이면 충분합니다. 너무 묽으면 발색이 안 됩니다.

> 잘~ 섞어주세요

▲도료는 항상 잘 섞어줘야 합니다. 이렇게 조색했을 때도 그렇고요.

> 조색한 색도 전차 밑면으로 체크!

▲여기서도 전차 밑면이 대활약. 실제로 칠해보면서 색감과 광택을 확인해보세요.

> 열심히 두드려주세요!

▲첫 번째 도색 때와 마찬가지로 두드려주세요. 광택과 색감 차이로 얼룩덜룩해졌습니다! 이 차이가 멋집니다. 전차 모형과 최고의 상성입니다.

> 완전히 마르면 또 두드려주세요.

▲두 번째 칠이 끝난 상태. 아직 옥사이드 레드가 보입니다. 어렴풋이 보이는 정도가 멋지니까, 다시 한 번 두드려주는 편이 좋을 겁니다.

●궤도 부분을 칠하자!

> 보기륜의 고무 색은 서페이서의 검정을 활용합니다

▲보기륜의 고무 부분은 검정이니까 서페이서 색을 살리고, 다른 부분을 올리브 드랍으로 칠하세요.

> 구분 도색 종료!

▲궤도 부분을 미리 검정색으로 칠해두면 이렇게 나중에 편합니다. 또한 전차 모형에서는 그림자가 생기는 부분이니까, 검은색으로 칠하면 한층 깊은 음영색이 되면서 모형의 색에 강약이 생깁니다.

● 포탑 도색 & 헤어 스프레이 치핑

〔여러 방향에서 잘 뿌려주세요〕
▲포탑도 차체와 마찬가지로 칠하는데, 기왕 옥사이드 레드를 밑색으로 칠했으니까, 헤어 스프레이 치핑이라는 것을 하겠습니다. 먼저 가정에 있는 헤어 스프레이를 옥사이드 레드 상태의 포탑에 뿌려주세요.

〔상쾌한 향기&번들번들〕
▲헤어 스프레이를 잘 뿌렸으면 일단 말리세요. 다 마르면 올리브 드랍을 칠합니다.

〔열심히 두드러서!〕
▲포탑도 열심히 두드립니다. 포탑의 주조 표면이 강조되면서 멋있어집니다.

〔첫 번째 층 완료!〕
▲올리브 드랍 첫 번째 도색이 끝났습니다. 다 마르면 또 그 색이 등장합니다.

〔또다시 클리어 그린!〕
▲이것을 올리브 드랍에 조금 섞어서 포탑을 칠하세요.

〔절묘한 그러데이션!〕
▲두 번째 칠 완료. 도료가 마르면 물을 적신 붓으로 문질러 보겠습니다.

〔붓을 잘 적셔주세요〕
▲드라이 브러시용 붓 등의 단단한 붓에 물을 잘 머금어주세요.

〔도료를 벗기고 싶은 부분을 붓으로 문지릅니다〕
▲물에 적신 붓으로 문지릅니다. 그러면 물과 헤어 스프레이가 반응해서, 헤어 스프레이 위에 칠한 도료가 툭툭 벗겨집니다.

〔좋은 느낌으로 벗겨냈습니다!〕
▲부품 모퉁이나 해치 부분 등을 벗겨주면 분위기가 살아납니다. 이 뒤에 수성 탑코트를 뿌리면 도료가 안 벗겨집니다.

● 외부 장비품 등의 도색

▲전차에는 해머나 도끼 등이 실려 있습니다. 그 손잡이 부분 등은 나무 색으로 지정돼 있으니까, 목갑판색으로 칠했습니다.

▲예비 궤도는 금속색이라서 전차의 악센트로 좋습니다. 다크 아이언이나 메탈릭 그레이, 건메탈 등 원하는 금속색으로 칠하세요.

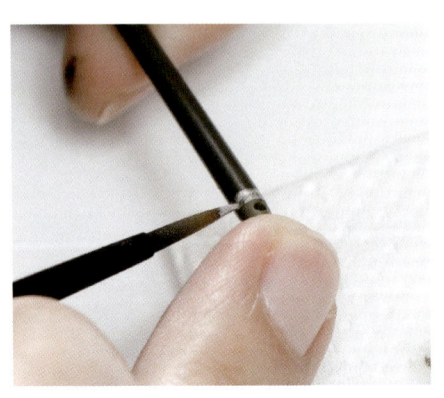
▲포탑 부분에 노출된 은색은, 크롬 실버를 붓으로.

● 피규어 도색

핑크 서페이서로 시작합니다

▲1/48 스케일 피규어는 크기가 작아서, 전체를 칠한 뒤에 워싱만 해줘도 충분히 멋집니다. 먼저 타미야 핑크 서페이서를 뿌리고 그 위에 칠하겠습니다.

균등하게 단순 칠하기

▲다음으로 얼굴과 장갑, 헬멧 등을 붓 자국 없이 꼼꼼하게 칠해줍니다.

먹선 도료로 전체를 워싱

▲타미야 먹선 도료 다크 브라운으로 전체를 워싱. 단번에 분위기가 좋아집니다.

과도한 도료는 에나멜 용제로 닦아내세요

▲붓에 에나멜 용제를 적셔서, 과도한 먹선을 깔끔하게 닦아내세요. 그러면 피규어 완성!!!

● 차체 워싱

먹선으로 두드러지게!

▲타미야 먹선 도료 다크 브라운을 전체에 발라줍니다. 도료로 씻어내는 느낌으로 칠하는 것을 '워싱'이라고 합니다. 이러면 전체가 슬쩍 더러워지면서 전차의 분위기가 단번에 살아납니다.

과도한 도료는 면봉으로 닦자!!

▲도료가 너무 고인 부분은, 에나멜 용제를 적신 면봉으로 닦아내면 됩니다.

◀데칼을 붙이면 더 멋지게 보입니다. 클리어 그린을 섞은 덕분에, 너무 버석버석하지 않고 어렴풋한 광택이 도는 멋진 전차가 됐습니다.

▶삽 등의 외부 장비품을 꼼꼼하게 칠해준 덕분에, 올리브 드랍 단색인 전차에 좋은 악센트를 줍니다.

◀작금의 타미야 전차 모형 피규어에는 3D 스캔 기술을 채용해서, 각 부분의 주름이나 표정 몰드가 훌륭합니다. 조형이 이렇게 훌륭한 덕에, 단순하게 칠하고 전체에 먹선만 넣어주면 작례처럼 리얼한 분위기가 됩니다.

완성!!

타미야 1/48 미군 전차 M4A3E8 셔먼 이지에잇!!!

단색 전차는 세세한 색 구분이 없어서, 붓도색을 대담하게 즐길 수 있습니다. 전차 모형은 붓도색과 상성이 좋아서, 이번에 소개해드린 두드려서 칠하는 '스탬프' 기법으로 칠하면, 각 면이 우둘투둘한 역전의 풍모를 지닌 전차가 됩니다. 이번에는 도색→워싱으로 분위기를 내는, 적은 수고로 멋지게 표현하는 방법을 소개했습니다.

이 방법을 배우면 기본은 확실!!! 내일부터 팍팍, 즐겁게 전차 모형 붓도색이 가능합니다.

수성 도료 붓도색에 도움이 되는 용품들

타미야 편

고품질 재료들을 갖춘 타미야 브랜드

●발매원/타미야 ●발매 중

자사 프라모델을 다양하게 즐길 수 있도록, 풍부한 툴&재료를 자사 브랜드로 갖추고 있는 타미야. 그중에서, 수성 도료의 타미야 컬러 아크릴 도료의 도색을 돕거나, 붓도색 환경을 좋게 해주는 재료를 소개합니다.

모델링 브러시 PRO II 세필(면상필)
모든 모델러에게 몇 번이고 추천하고 싶은 고급 세필

P.10에서도 소개한 타미야의 모델링 브러시 PRO II. 이 붓을 사용한 뒤로 붓도색이 즐거워졌다는 모델러가 속출. 고급 털인 「콜린스키 세이블」(족제비의 일종)을 사용해서, 털끝이 잘 모이고 탄력도 절묘. 그리고 도료를 아주 잘 머금어서 장시간 칠할 수 있고, 붓이 걸리는 일도 적습니다. 추천하는 것은 「소(小)」와 「세(細)」. 일단 이 두 자루만 있으면 마음껏 붓도색을 즐길 수 있습니다.

소 ●1540엔
세 ●1430엔
극세 ●1320엔
초극세 ●1320엔

아크릴 용제 X-22 클리어 ●165엔
타미야 컬러 아크릴 도료의 광택 조절에 활약!

타미야 컬러 아크릴 도료 XF 시리즈는 무광 도료. 상당히 매트한 질감입니다. 때로는 너무 거칠어지는데, 사용하기 전에 이 「X-22 클리어」를 조금 넣어주면 유광에 가까운 반광이 돼서, 촉촉하고 매끄러운 표면을 만들 수 있습니다.

페인트 리타더(아크릴 도료용) ●260엔
도료를 잘 퍼지게 해서 붓놀림을 부드럽게!

타미야 컬러 아크릴 도료의 건조를 지연시켜서, 도료가 잘 퍼지고 붓 자국도 덜 남게 해줍니다. 섞는 양에 주의! 도료 양의 최대 10%만 넣어주세요. 붓에 조금 묻혀서 도료에 섞어주는 정도가 좋습니다.

붓 컨디셔너 ●308엔
붓 손질의 든든한 친구

용제로 붓을 씻고 말린 뒤에 이 컨디셔너를 적셔주세요. 린스 성분으로 붓털의 갈라짐을 막고, 풀 성분이 털을 뭉쳐줘서 보관 중에 모양이 흐트러지는 것도 방지. 모델링 브러시 PRO II 등의 천연모 붓에 특히 효과적입니다.

15웰 팔레트(5장) ●374엔
일회용 감각으로 쓸 수 있는 팔레트

팔레트 모양이 특징적. 오각형과 원형으로 구성되어 있습니다. 깊이도 있어서 조색하기도 쉽습니다. 테두리로 붓에 머금은 도료 양을 조절할 수도 있습니다. 팔레트는 가위로 사용하기 편한 크기로 잘라서 사용할 수 있습니다.

조색 스틱(2 개 세트) ●440엔
조색&섞기는 이 막대에 맡기세요!!

한쪽 끝이 납작한 주걱, 다른 쪽은 작은 숟가락 모양입니다. 도료 병 안에서 주걱을 빙빙 돌리면 잘 섞을 수 있습니다. 뒤쪽 숟가락은 조색 작업에서 활약합니다. 금속제라서 도료를 간단히 닦아낼 수 있습니다.

아크릴 용제 특대 ●660엔
타미야 컬러 아크릴 도료의 파트너

타미야 컬러 아크릴 도료의 희석, 붓 세척에서 빼놓을 수 없는 용제. 특대를 사두면 한참 쓸 수 있어서 추천.

에나멜 용제 특대 ●550엔
먹선과 웨더링을 닦아낼 때!

타미야 컬러 아크릴 도료의 붓도색 작례에서도 먹선과 웨더링에 사용했던 에나멜 도료. 그 도료를 희석하거나 닦아내는 데 크게 활약하는 것이 에나멜 용제. 이쪽도 특대를 한 병 마련해두세요.

타미야 먹선 도료 ●각 396~418엔
타미야가 절묘하게 조색해준 마이스터 도료

모형의 몰드에 도료를 흘려 넣어서 입체감을 강조하는 먹선 넣기에 적합한 컬러들로 구성된 「먹선 도료」. 먹선 외에 웨더링 등에도 사용할 수 있는 갈색 계열 색이나 피부의 음영을 강조할 수 있는 핑크색 계열 등, 직접 조색하기 어려운 색을 타미야의 프로 듀서로 손에 넣을 수 있습니다. 특히 다크 브라운, 딥 브라운, 오렌지 브라운, 핑크 브라운을 크게 추천합니다.

파인 서페이서 L ●각 660~880엔
래커 밑칠은 강력한 친구!

P.10~11에서 소개한 타미야 파인 서페이서. 입자가 곱고 금속 부품이 밑칠이 되는 프라이머 성분도 들었습니다. 래커 밑칠은 수성 도료를 덧칠해도 녹지 않아서 상성 발군. 냄새가 심하니까, 환기를 잘 해주면서 뿌려주세요.

타미야 웨더링 마스터 ●각 660엔
붓도색에 가볍게 악센트를 줄 수 있다!

세미 웨트 타입(화장품 아이쉐도 같은 느낌)의 도료를, 상품에 포함된 스펀지와 붓으로 문질러서 드라이 브러시나 그러데이션을 간단히 표현하게 해주는 도료. 붓도색을 한 뒤에 이것을 발라서 표정을 풍부하게 해줄 수 있습니다. A~F가 스케일 모델이나 캐릭터 메카에 딱. G와 H는 피규어 피부에 맞춘 도료입니다.

A 세트
샌드, 라이트 샌드, 머드

B 세트
스노, 검댕, 녹

C 세트
붉은 녹, 건메탈, 실버

D 세트
Burnt blue, Burnt red, 오일

E 세트 드라이 브러시 컬러
옐로, 그레이, 그린

F 세트
티타늄, 라이트 건메탈, 구리색

G 세트(피규어용 I)
새먼, 캐러멜, 밤색

H 세트(피규어용 II)
페일 오렌지, 아이보리, 피치

색수가 1000종이 넘는 라인업을 우습게 보지 마라!

일본에서 손꼽히는 하비 메이커 중에 하나인 보크스가 일본 총 대리점을 맡고 있는 스페인제 수성 도료 '바예호'. 희석이나 붓 세정 등을 거의 물로 해결하는 에멀전 계열 수성 도료입니다. 냄새도 거의 없고, 주성분의 약 60%가 물이라서 환경 문제도 안전. 집 거실에서도 붓도색을 즐길 수 있습니다.

여기서부터는 그런 바예호의 특징을 보크스 스태프 분의 강습과, 모형 잡지「월간 하비재팬」에서 큰 활약 중인 붓도색 모델러 두 분의 How to를 통해서 소개하겠습니다.

PART.3

바예호 컬러 by 바예호

vallejo color by vallejo

수성 도료의 판타지스타
「바예호」의 세계에
잘 오셨습니다!

스페인에서 태어난 월드클래스 수성 도료
「바예호」란???

●발매원/보크스 ●319엔~

안전하고 고성능. 풍부한 색으로 여러분의 붓도색을 서포트

보크스가 일본에 수입, 판매하는 수성 도료 「바예호」는, 일단 색 종류가 풍부합니다. 색이 1000가지가 넘고, 게다가 용도별로 세세하게 구분한 시리즈로 구성되어 있어서, 익숙하지 않은 사람은 방대한 선택지에 압도당합니다. 그런 고민에 답해드리겠습니다!

주성분의 약 60%가 물과 같은 성분이고, 희석에 물(정제수)을 사용할 수 있어서 안전하니까, 거실에서도 마음 편히 도색할 수 있습니다. 일본 전국의 보크스 쇼룸, 아키하바라 하비 천국 2, 하비 스퀘어, 하비 천국 웹에서 구입할 수 있습니다.

●도료 덜기가 쾌적!! 바예호의 특징은 「용기」

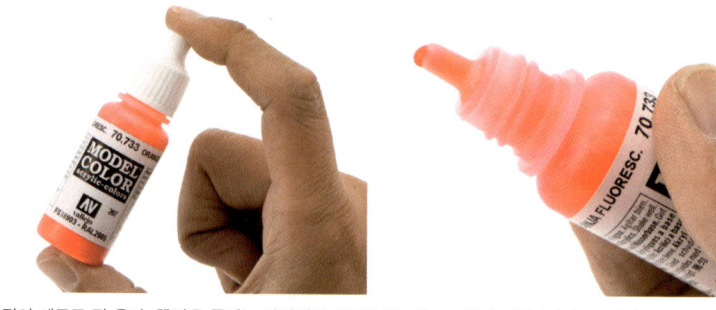

▲특징적인 세로로 긴 용기. 뚜껑은 돌리는 방식이고, 열어보면 가는 노즐이 나옵니다. 누르기만 해도 도료를 짜낼 수 있습니다. 손에 묻히지 않고 적절한 양을 쾌적하게 덜 수 있습니다. 사용하기 전에는 반드시 섞어주세요.

●섞을 때는 손바닥에 두드리자!!!

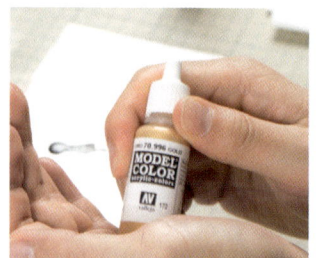

◀그냥 흔드는 게 아니라 용기를 손바닥에 탁탁 두드려주면 안에 있는 도료가 잘 섞입니다.

●구슬을 넣어주면 더 쾌적!

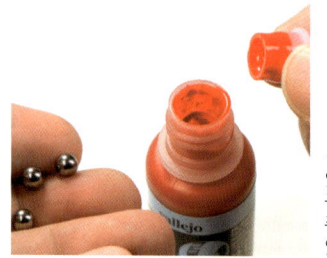

◀노즐을 분리할 수 있습니다. 이 안에 구슬을 1~2개 넣어주면 쉽게 섞을 수 있습니다.

●도색 준비는 물과 팔레트뿐!!

물만 가지고 희석, 붓 세척이 가능한 바예호. 그래서 팔레트와 물만 준비하면 끝. 준비가 이렇게 간단합니다!!!

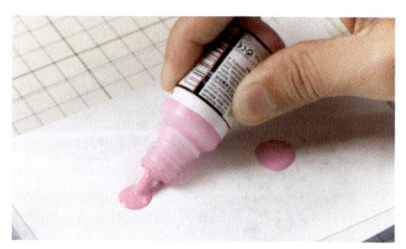

▲도료를 팔레트에 덜어줍니다.

▲붓에 물을 머금어줍니다.

◀붓에 머금은 물로 도료를 희석하면 도색 준비 OK!!

● 바예호 도료의 종류!!

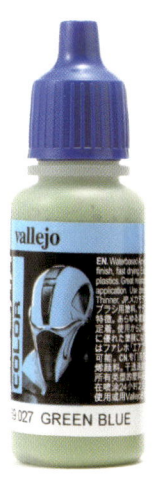
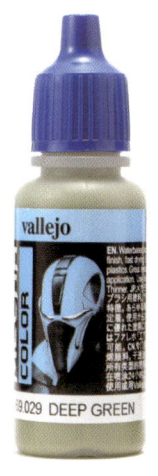
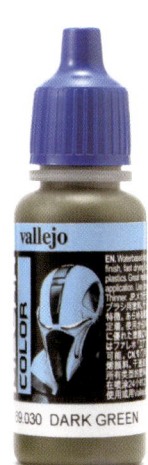

모델 컬러

▲바예호의 가장 기본적인 시리즈입니다. 용기에 든 상태에서 붓도색에 최적의 농도입니다. 희석에 물만 있으면 되는 간편함. 희석해서 에어브러시에도 사용할 수 있는 높은 범용성도 지녔습니다. 물론 색 종류도 풍부해서 캐릭터 프라모델부터 미니어처, 스케일 모델도 칠할 수 있습니다.

메카 컬러

▲▶바예호를 써보고 싶지만 색이나 종류가 너무 많아서 어디부터 시작해야 좋을지 모르겠다. 그런 분에게는 「메카 컬러」 시리즈를 추천합니다. 캐릭터 메카에 대응하는 색이 라인업됐는데, 기본색만 42색이고 그 밖에 메탈릭이나 웨더링도 있어서, 로봇을 칠할 때 아주 좋은 시리즈입니다.

모델 에어

◀모델 에어는 에어브러시용으로 발매됐고, 캐릭터부터 스케일 키트까지 커버 가능한 약 200종류의 기본색이 있습니다. 에어브러시용이라고 하지만 붓도색에도 아주 편리! 묽은 도료를 여러 번 겹칠해서 매끄럽게 만들고 싶을 때 큰 도움이 됩니다.

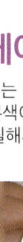

모델 컬러 | **모델 에어**

▲모델 컬러와 모델 에어를 비교. 농도가 한눈에 보입니다. 도료 접시에 덜어서 접시를 기울여 보면, 모델 에어가 유동성이 높은 걸 알 수 있습니다.

● 도료와 같이 준비하자!

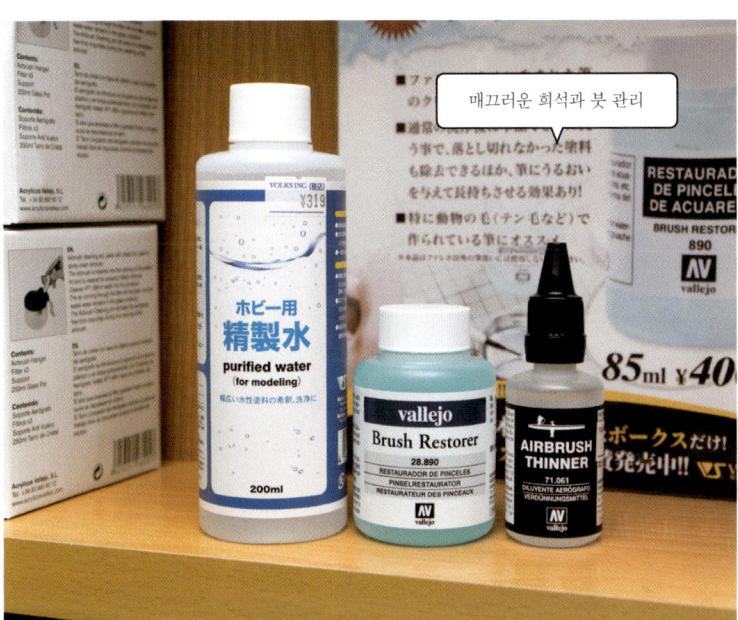
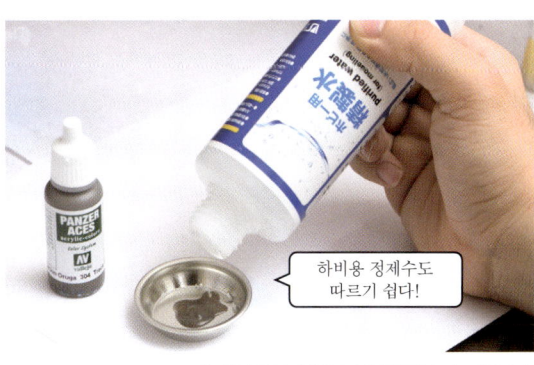

▲왼쪽부터 하비용 정제수, 브러시 리스토어러, 에어브러시 시너. 정제수는 불순물이 없어서 도료를 보다 깔끔하게 희석할 수 있습니다. 브러시 리스토어러는 붓에 눌러붙은 때를 씻어주고, 린스 성분도 있어서 붓이 오래 갑니다. 에어브러시 시너는 붓도색에도 효과적. 희석하면서 건조를 빠르게 해주는 효과도 있습니다.

『하비용 정제수도 따르기 쉽다!』

▲노즐이 있고, 병을 누르면 정제수가 나옵니다. 한 방울씩 따를 수 있어서 희석할 때 편리합니다.

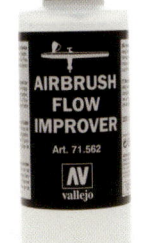

◀▲에어브러시 노즐이 막히지 않도록, 도료의 건조를 지연시키는 플로우 임프루버. 소위 말하는 리타더처럼 사용합니다. 도료에 조금만 섞어주면 도료가 잘 펴지고, 건조도 지연됩니다. 보다 매끄럽게 칠할 수 있습니다.

『리타더 효과가 있는 플로우 임프루버!』

보크스 1/144 스케일 플라스틱 키트
V·사이렌·넵튠
제작·글/시마즈 히데오(보크스)

NAVIGATOR
시마즈 히데오(보크스)/바예호 붓도색의 기본을 가르쳐 주실 분은, 바예호 일본 대리점 보크스의 영업 전략 본부 부장인 시마즈 히데오 씨. 이벤트나 점포에서도 바예호 시연을 맡고 계신데, 그 실력을 이 책에서도 발휘하셨습니다!!

「바예호」는 성형색을 살린 부분 도색에 딱!!
보크스「IMS 1/144 V·사이렌·넵튠」
냄새 없이 즐기는 최고의 거실 도료! 바예호라면 가능하다!!

　1000가지가 넘는 라인업 중에 선명한 색도 다수 존재하는 바예호. 그래서 캐릭터 모델 같은 밝은색이 많은 프라모델 도색에도 어렵지 않게 대응 가능합니다. 이번에는 보크스가 힘을 쏟아서 발매하는 「파이브스타 스토리」 플라스틱 키트 중에서 V·사이렌·넵튠을 부분 도색 하겠습니다. '모터헤드를 부분 도색?!'이라고 생각하는 분도 계실지 모릅니다. 하지만 바예호라면 그것도 즐겁게 할 수 있습니다. 비비드한 색도 확실하게 정착&발색하는 바예호의 성능을, 이 기사를 통해서 보겠습니다.

이 작례의 POINT!!
- 바예호 도색 준비
- 금색을 예쁘게 칠해보자!
- 어깨 마킹 도색에 도전
- 바예호에도 먹선 색이 있다?
- 하얀색을 깔끔하게 칠하고 싶다!!

Volks 1/144 scale plastic kit
V SIREN NEPTUNE
modeled&described by
Hideo SHIMAZU(Volks)

●바예호 도색 준비

◀바예호는 물만 있으면 희석과 붓 세척이 가능합니다. 워터 팔레트가 있으면 팔레트가 건조를 지연시켜줘서 장시간 도색이 가능합니다. 붓을 닦아야 하니까, 티슈도 준비하세요.

손바닥에 톡톡 두드려서 섞는다

▶도료를 잘 섞어주기 위해서, 흔드는 게 아니라 손바닥에 용기 바닥을 톡톡 두드려줍니다. 그러면 잘 섞입니다.

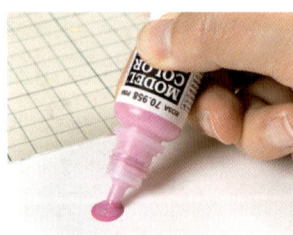

▲다 섞었으면 종이 팔레트에 덜어줍니다. 바예호는 용기에서 바로 짜내면 되니까 편리.

▲붓에 물을 조금 적셔줍니다.

▲붓에 있는 수분으로 도료를 희석합니다. 물은 조금이면 OK. 많으면 너무 묽어지니까 주의.

칠하기 전에 일단 붓끝을 티슈 등에 찍어주세요

▲붓에 도료를 머금었으면, 티슈나 키친타월 위에 가볍게 찍어주세요. 그러면 모형에 도료가 너무 많이 묻어서 흐르는 사태를 막을 수 있습니다. 매번 이렇게 해주면서 칠하세요.

●바예호에는 붓도색 서페이서가 있습니다

▲금색의 밑색으로 '검정'을 칠하겠습니다. 사용할 것은 프라이머 블랙. 붓도색에도 사용할 수 있어서, 핀포인트로 밑색을 칠할 수 있습니다. 먼저 잘 섞어주세요.

붓끝을 디테일의 테두리에 눌러준다!

▲넵튠의 각 부분에 있는 금색을 칠할 곳에 검정색을 칠해줍니다. 삐져나오지 않도록, 디테일 테두리에 붓을 꾹 눌러주세요. 이렇게 하면 붓끝이 안정되고 크게 삐져나오지 않으면서 칠할 수 있습니다.

▲프라이머니까 두껍게 칠하지 않고, 완전히 마른 뒤에 덧칠하면 OK. 삐져나온 부분은 이쑤시개로 박박 긁어내면 됩니다.

▲밑칠 도색 완료!! 검정이 완전히 마르면 그 위에 금색을 칠합니다.

●금색 도색

▲잘 섞은 골드를 칠해줍니다. 디테일의 가장자리부터 칠하고, 그 뒤에 안쪽을 채우는 느낌으로 칠합니다.

밑색 검정 덕분에 비치지 않는 깔끔한 금색으로!
▲한 번 칠하고 완전히 마른 뒤에 한 번 더 칠한 상태. 두 번에 걸쳐 칠하면 깔끔하게 칠해집니다. 바예호의 골드는 휘도가 높고 정말 아름답습니다.

▲삐져나오면 이쑤시개로! 부분 도색 때는 이쑤시개가 정말 편리합니다.

▲이걸로 금색 도색은 OK. 다른 금색 부분도 같은 방법으로 칠해주세요.

●선명한 색을 칠할 준비와 도색

▲넵튠의 어깨에는 선명한 라인과 마킹이 잔뜩. 먼저 라인을 칠해보면서 바예호의 선명한 색 다루는 방법에 익숙해지겠습니다. 핑크색을 팔레트에 덜어주세요.

직접 칠해봤더니……
▲핑크색을 직접 칠했더니 아래의 파란색이 비쳐서 잘 발색하지 않습니다. 이럴 때는 금색 때도 밑칠로 활약한 프라이머를 발라주세요.

회색 프라이머도 있습니다
▲밝은색을 칠할 때는 회색이나 흰색 프라이머를 칠해주세요. 이번에는 회색으로 하겠습니다. 손바닥에 톡톡 두드려서 잘 섞어주세요.

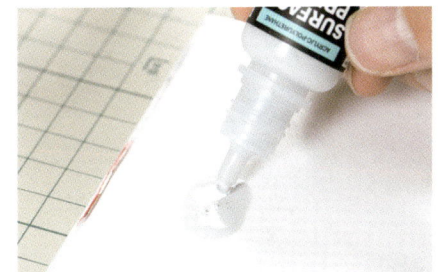
▲사용할 만큼 팔레트에 덜어줍니다.

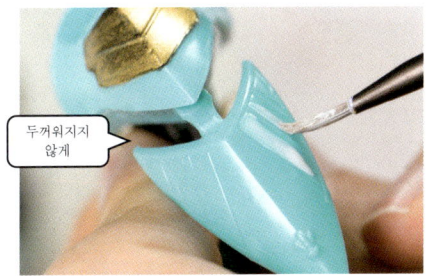
두꺼워지지 않게
▲프라이머는 표면에 얇게 칠하기만 해도 충분히 효과가 있습니다. 두꺼워지면 윗칠이 지저분해지니까 주의하세요.

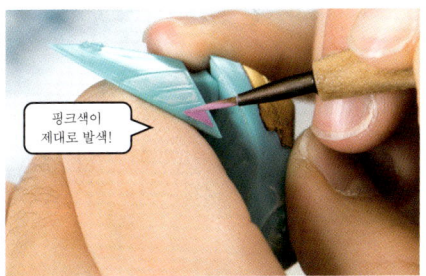
핑크색이 제대로 발색!
▲회색 프라이머를 얇게 발랐는데, 이 정도로도 핑크색이 제대로 발색합니다. 프라이머의 효과가 그만큼 강합니다.

●어깨 마킹

프라이머는 조색이 가능합니다
▲앞서 보신 핑크색 라인 같은 선명한 색 칠하는 방법을 배웠으니, 어깨 마킹도 칠할 수 있습니다. 도료와 프라이머를 준비하세요.

▲검정과 회색 프라이머를 섞어서, 어두운 회색 프라이머를 만듭니다.

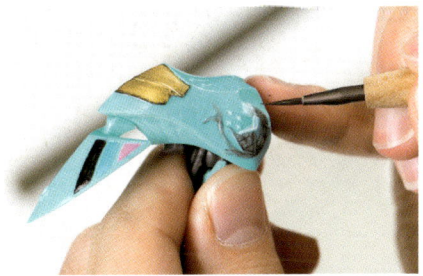
▲인어 몸에 어두운 회색을 칠합니다. 이것이 프라이머와 각 색의 검은 테두리가 됩니다. 얼굴 등에는 흰색을 칠합니다.

삐져나와도 수정이 가능! 겁내지 말고!!
▲부분 도색은 삐져나와도 이쑤시개로 문지르면 지워지니까, 겁내지 마세요. 디테일 부분을 잘 보면서 칠해줍니다.

작은 부분은 신중하게
▲선을 그리는 게 아니라 이렇게 작은 부분을 칠할 때는, 처음에 각 테두리에 붓을 얹는 것처럼 칠하고, 그 다음에 안을 채워주세요.

▲프라이머를 발라서 도료가 잘 정착, 발색되는 상태로 만들면, 이런 작은 부분 도색도 두렵지 않습니다!

● 바예호로 먹선을 넣어보자!

▲바예호에는 워시라는 음영을 강조해주는 도료가 있습니다. 이것을 잘 섞어서 몰드에 흘려넣겠습니다.

▲에나멜 도료 먹선처럼 디테일에 붓을 대는 게 아니라, 디테일 위에 선을 그리는 것처럼 몰드에 흘려 넣습니다.

▲마르기 전에 물에 적신 면봉으로 슥 닦아도 되지만, 워시가 마르면 잘 닦이지 않습니다. 그럴 때, 부분 도색이라면 에어브러시 시너로 닦으면 깔끔해집니다.

부분 도색이라면 에어브러시 시너로 가능합니다

▲왼쪽 2개가 닦아낸 상태. 아주 깔끔하게 닦였습니다.

● 흰색에는 흰색 프라이머가 최강입니다!

▲넵튠의 왼손 실드 중앙은 흰색. 흰색은 붓도색에서도 예민한 색. 이것을 깔끔하게 칠하겠습니다! 여기서도 프라이머가 활약합니다.

성형색이 비치는 정도면 적당합니다!!
▲중요하니까 여러 번 말합니다! 붓도색 프라이머는 얇아도 OK! 키트 성형색이 비치더라도 표면에 프라이머가 입혀졌으니까, 덧칠한 도료가 잘 정착됩니다.

이 상태에서 완전히 말립니다
▲그리고 또 한 가지 포인트는 완전 건조. 바예호 프라이머는 마르면 무광이 되니까, 광택이 완전히 사라지면 도료를 칠해주세요.

▲흰색 프라이머를 칠한 위에 이 보통 흰색을 칠합니다. 단단한 느낌의 흰색이라서, 메카에 딱 어울립니다.

평붓으로 바꿔서!
▲넓고 직선적인 면이니까 평붓으로 칠합니다. 세밀한 터치가 아니라 붓을 길게 놀려서. 바예호는 정말 잘 퍼지는 도료라서, 실드 끝에서 끝까지 쭉 칠할 수 있습니다.

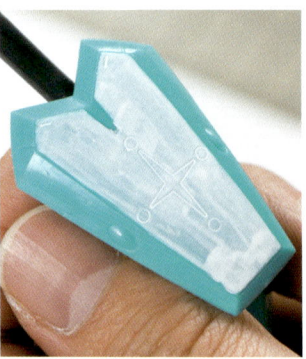
▲평붓은 시작과 끝부분에 도료가 고이기 쉽습니다. 그래서 이 정도 칠했으면 일단 평붓은 종료. 세필로 바꿔줍니다.

세필로 바꿨습니다!
▲평붓으로는 칠하기 힘든 디테일 모퉁이와 붓 자국이 신경 쓰이는 부분을 세필로 정리해줍니다. 깔끔하게 칠하려면 이렇게 붓을 바꾸는 것도 중요합니다.

디테일의 검정을 칠하자
▲흰색을 다 칠했으면 검정을 칠합니다. 삐져나오지 않게 조심하면서 붓끝으로 칠해주세요.

검정이 삐져나오면 흰색으로 리터치
▲삐져나오면 완전히 마른 뒤에 흰색으로 묻어버리면 끝! 검정을 잘 차폐하니까 안심하세요.

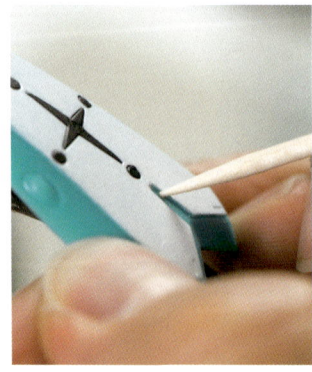
▲흰색이 성형색 부분으로 삐져나올 경우 이쑤시개로 문질러주면 OK! 힘을 너무 주면 미끄러져서 도색 부분에 흠집을 낼 수도 있으니까 주의.

▲이것이 이번에 사용한 도료. 바예호는 선명한 색도 은폐력과 발색이 좋습니다. 게다가 바예호의 장점을 더 끌어내는 프라이머에도 다양한 색이 있다는 점이 정말 좋습니다.

● 마지막으로 유광 코팅해서 완성!!

◀ 누구나 간단하게 반짝이는 광택을 얻을 수 있는 편리한 스프레이. 수성이니까 바예호 위에 칠해도 문제 없습니다.

편집부 추천은 수성 프리미엄 탑코트 유광

성형색을 살리는 부분 도색만으로도 이렇게 완성! 바예호의 풍부한 컬러 라인업 덕분에, 프라이머만 혼색했고 다른 색은 전부 조색 없이 칠했습니다. 모터헤드니까, 마지막에 유광 마감을 해서 광택을 연출했습니다. 붓도색은 부분 도색과 상성이 아주 좋으니까, 꼭 이번 작례처럼 다른 키트에서도 바예호로 부분 도색을 즐겨보세요.

▲ 바예호는 아름다운 금속색이 다수 나와 있습니다.

보크스 1/144 스케일 플라스틱 키트
V·사이렌·넵튠
제작·글/시마즈 히데오(보크스)

Volks 1/144 scale plastic kit
V SIREN NEPTUNE
modeled&described by Hideo SHIMAZU(Volks)

▲ 칼은 단색 성형이라서, 각 부분을 칠해줬습니다.

◀ 밑색으로 흰색 프라이머를 칠한 덕분에, 상당히 깔끔한 흰색이 됐습니다.

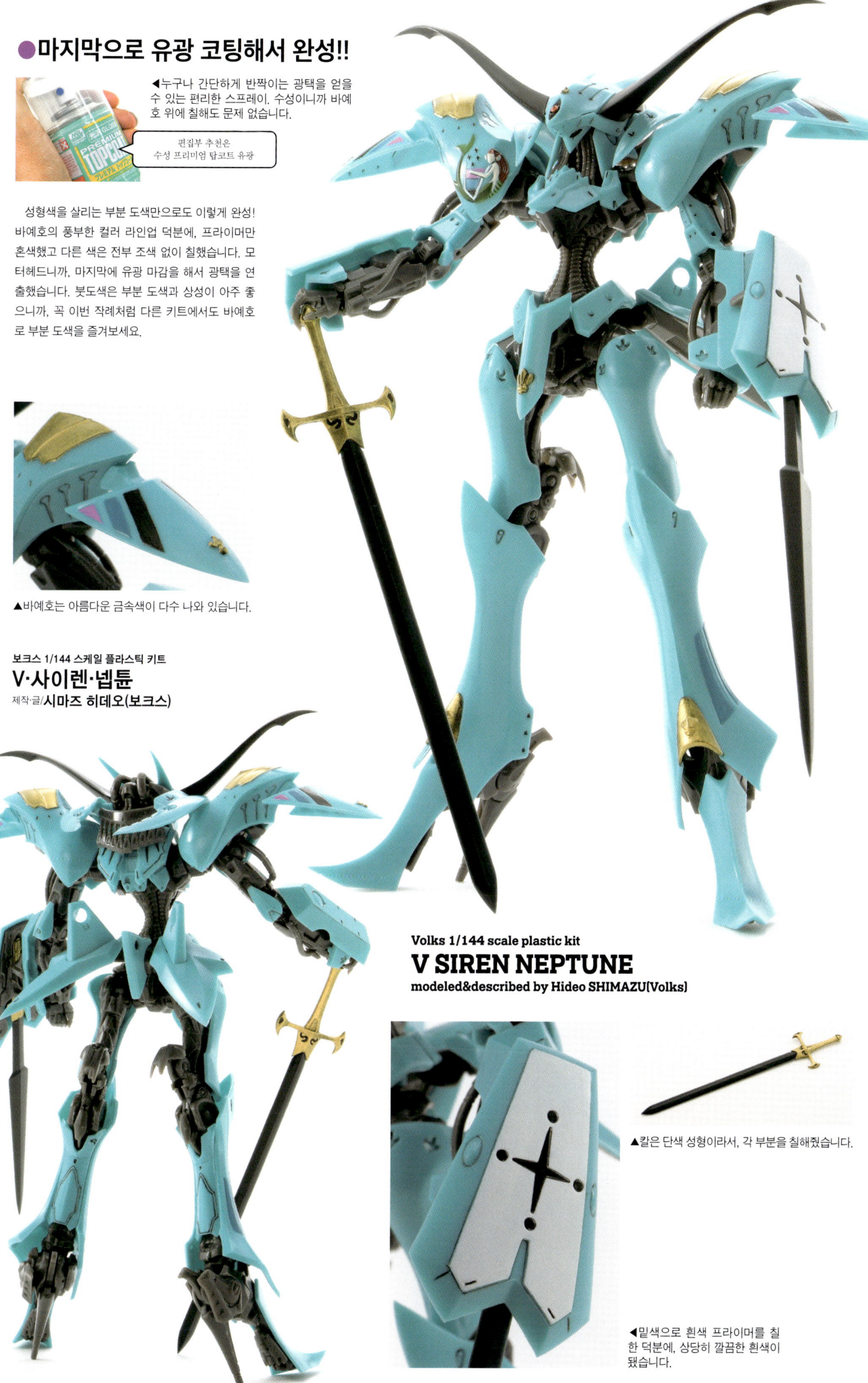

수성 도료 붓도색에 도움이 되는 용품들

보크스 편

바예호와 연동한 용품들이 쾌적한 붓도색 시간을 제공합니다

바예호는 세계적으로 붓도색을 즐기고 있는 도료입니다. 그래서 보크스&조형촌 브랜드에서도 붓도색을 쾌적하게 해주는 굿즈가 다수 발매되고 있습니다. 여기서는 그런 아이템 10종을 선정해봤습니다.

●발매원/보크스 ●발매 중

조형촌 스페셜 브러시 청(青) 05 ●990엔
보크스 스태프도 많이 애용하는 고성능 붓

담비 털을 써서 탄력이 강하고 도료를 잘 머금어줍니다! 붓끝도 잘 모이는 조형촌 스페셜 브러시. 특히 중세(中細)인 「05」는 가는 선부터 어느 정도 굵은 선까지 그릴 수 있는 효율적이고 편리한 붓. 나무 그립도 손에 잘 익습니다.

워터 팔레트 ●550엔
도료가 오래 간다!!

바예호를 비롯한 수성 아크릴계 도료를 붓도색할 때 편리한 워터 팔레트. 보습성이 뛰어난 스펀지에 물을 머금게 하고 특수 소재 페이퍼 팔레트를 얹어주면, 팔레트가 적절한 습도를 유지합니다. 이렇게 해서 조색한 도료 등이 마르는 것을 지연시킬 수 있어서, 붓도색의 효율이 향상됩니다.

조형촌 매화 접시(梅皿) ●880엔
하나만 있어도 아주 편리!!!

2개 세트. 붓도색 중에 도료나 용제를 접시에 덜어놓을 수 있어서 편리. 조색하기도 쉽습니다. 도기 소재라서 청소하기도 편합니다.

조형촌 브러시 스탠드 ●1320엔
작업중&정리 어느 쪽에도 대응하는 스탠드

붓을 세워두는 것은 물론이고, 작업 중에 붓을 잠시 내려놓는 자리도 있어서 아주 편리. 작업 중에 붓이 굴러갈 걱정도 없습니다.

조형촌 페이퍼 팔레트 ●220엔
손바닥 사이즈라서 공간을 차지하지 않습니다

25장들이. 100mm×150mm 크기로 자리를 차지하지 않습니다. 간단한 붓도색에는 종이 팔레트가 안성맞춤.

바예호 프라이머 17ml ●418엔
프라이머도 색이 잔뜩!

바예호 프라이머는 붓도색도 가능한 데다 색도 많아서, 위에 칠할 색에 맞춰서 밑색을 고를 수 있습니다!! 정말 기쁠 따름입니다.

바예호 플로우 임프루버 200ml ●1430엔
리타더도 있다!

에어브러시 도색 때, 도료의 건조를 지연시켜서 노즐이 막히는 것을 완화해주는 것이 이 플로우 임프루버. 붓도색 때에 한두 방울만 넣어주면 도료 건조가 늦어지고 도료가 잘 퍼지게 돼서, 매끄러운 붓도색이 가능해집니다.

바예호 매트 바니시, 글로스 바니시, 새틴 바니시 17ml ●각 319엔
광택 콘트롤도 가능합니다

바예호는 도색하면 기본적으로 무광이지만, 이 코팅 도료가 있으면 도막을 보호하면서 광택을 콘트롤할 수 있습니다. 매트가 무광, 글로스가 유광, 새틴이 반광입니다.

하비용 정제수 200ml ●319엔
수성 도료를 위한 정제수!

불순물이 거의 0에 가까워서, 수돗물로 희석하면 가끔씩 발생하는 '응어리'가 생기지 않습니다!

페인트 리무버 eco ●1353엔
친환경 페인트 리무버

도색한 키트의 도막을 지우고 새로 칠하고 싶을 때, 도색된 완성품을 다시 칠하고 싶을 때에, 프라모델부터 레진, 금속 키트까지 도료 용해, 제거가 가능합니다. 공구, 용품 세정에도 쓸 수 있습니다.

피부를 전부 도색!!
피부색을 바꿔서 나만의 피오레를 만들어보자.

보크스 블로커즈 피오레 플라스틱 키트
드라세나&네뷸라
제작·글/후리츠쿠

VOLKS VLOCKer's FIORE DRACAENA & NEBULA
modeled&described by FURITSUKU

이 작례의 POINT!!
- 얼굴 피부색 칠하는 방법
- 색 하나로 표현하는 피부 음영
- 갈색 피부로 컬러 체인지

바예호 붓도색으로 미소녀 프라모델의 피부색 도색에 챌린지!

보크스의 오리지널 미소녀 프라모델 「블로커즈 피오레」를 소재로, 바예호 붓도색으로 피부 전체 도색에 도전해보겠습니다. 최근의 미소녀 프라모델 피부 성형색은 하나같이 훌륭해서, 성형색을 살려서 완성하는 쪽이 거의 주류입니다. 하지만 피부 도색을 배우면 자신만의 캐릭터를 만들어낼 수 있습니다. 여기서는 기본적인 피부색 도색과 갈색 피부 도색을 소개하겠습니다.

NAVIGATOR
후리츠쿠/게임 미니어처 도색부터 메카닉, 미니 사륜구동 등을 붓도색으로 칠하고 있는 모델러. 적은 수고로 효과적으로 보이는 피부색 칠하는 방법은 꼭 따라해 보세요.

● 얼굴 부품 피부색 도색

기본 피부색을 갈색으로 바꿔 칠하겠습니다

▲제일 왼쪽이 키트 기본 상태. 가운데 세 개가 일반적인 피부색 도색. 제일 오른쪽이 갈색 피부로 바꾼 것. 이번에는 일반적인 피부색 칠하는 방법과 갈색으로 바꾸는 방법을 소개하겠습니다.

키트의 얼굴도 훌륭

▲키트에는 이 사진처럼 눈과 눈썹 등이 탐포 인쇄된 얼굴이 동봉. 그 밖에 도색파를 위한 민짜 얼굴과 데칼도 있습니다.

이쪽이 도색용 얼굴

▲도색파를 위한 달걀귀신 얼굴. 이걸 사용해서 도색하겠습니다.

먼저 하얀색 서페이서

▲피부 발색을 좋게 해주기 위해, 수성 화이트 서페이서를 뿌려줍니다. 바예호 도료 정착도 좋아집니다.

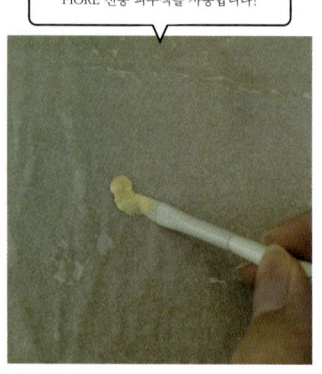

FIORE 전용 피부색을 사용합니다!

▲사용할 색은 FIORE 바예호 프리믈라 플레시 컬러. 팔레트에 덜어서 약간 큰 붓에 묻힙니다.

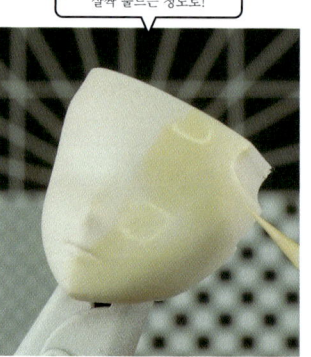

먼저 흰색 서페이서가 살짝 물드는 정도로!

▲바로 얼굴에 칠했습니다. 도료는 묽게 희석. 흰색 서페이서가 살짝 피부색으로 물드는 정도로.

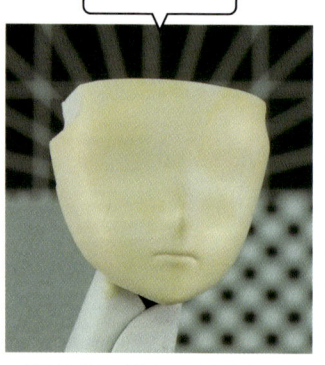

첫 번째 도색 종료!

▲약간 큰 붓은 색을 균등하게 입혀줄 수 있습니다. 전체를 칠했으면 완전히 건조해줍니다.

두 번째! 점점 피부색처럼 보입니다

▲첫 번째와 같게 물들이는 것처럼 색을 칠하고 완전히 건조시켜줍니다.

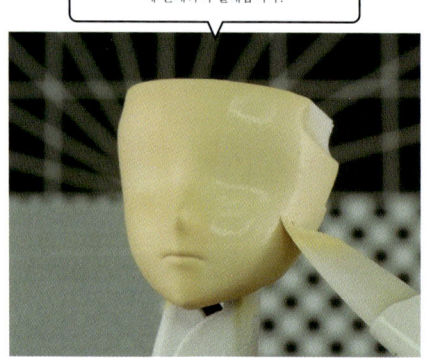

세 번째까지 칠해줍니다!

▲똑같은 방법으로 세 번째. 완전히 마른 뒤에 평붓으로 균등하게 물들입니다. 이걸로 기본 도색은 OK.

붓도색인데 이렇게 매끄럽다!!

▲바예호의 잘 퍼지는 특성과 단번에 칠하는 붓도색은, 이렇게 피부를 물들이듯 칠하는 데 최적!!

데칼을 붙이고 코팅합니다

▲기본 피부 도색이 끝났으면, 눈 등의 데칼을 붙입니다(붙이는 방법은 갈색 피부에서 소개). 데칼을 붙였으면 무광 스프레이를 뿌려서 데칼과 도색을 보호합니다.

●피부 메이크업은 1색으로 OK

타미야 웨더링 마스터 G세트를 사용합니다

밤색을 붓에 묻힙니다

얼굴 측면의 음영을 표현

눈두덩과 팔자주름의 아래쪽에 밤색을 바릅니다

▲미소녀 프라모델 메이크업에 최적화된 타미야 웨더링 마스터 G세트. 특히 이 세트에 있는 「밤색」이 범용성이 좋아서 추천합니다.

▲메이크업에는 끝이 둥근 모양의 붓을 추천. 붓으로 문질러서 묻혀줍니다.

▲얼굴 측면의 음영은 칠하는 면적도 넓기 때문에, 처음에 해줍니다.

▲밤색으로 음영을 주니까 점점 입체감이 살아납니다.

메이크업을 했으면 일단 확인

면봉이 대활약!

피부 도색 완료!!

◀음영색을 다 칠했으면 일단 떨어져서 전체를 봐주세요. 여기서 위화감이 느껴진 부분을 수정합니다. 수정 방법도 간단합니다.

▶웨더링 마스터는 물을 적신 면봉으로 닦아낼 수 있습니다. 눈에 들어가 버린 밤색을 면봉으로 닦아냅니다.

◀밤색 수정이 끝나면 도색 완료!! 평붓으로 물들이듯 칠해줍니다. 타미야 웨더링 마스터로 메이크업. 이 두 가지로 미소녀 프라모델의 피부를 멋지게 칠할 수 있습니다.

●갈색 피부를 칠해보자

이번에는 성형색부터 시작

이번에도 얇게 칠해주세요

성형색이 비칠 정도로 칠하는 게 포인트

세 번까지 칠해주세요

▲이번에는 피부색을 갈색으로 만들어가는 방법을 소개하겠습니다. 성형색 피부색이 갈색 피부의 밑색으로 딱 좋아서 그대로 칠하겠습니다. 도료가 잘 정착되도록 800번 정도 사포 또는 무광 스프레이를 뿌려서 준비하면 좋습니다.

▲도료는 프리미라 탄 플레시(갈색). 칠하는 방법은 보통 피부색과 같습니다.

▲첫 번째 칠을 마친 상태. 이렇게 성형색이 희미하게 비치는 정도가 좋습니다.

▲완전히 마르면 두 번, 세 번 칠해서 확실하게 발색시켜줍니다.

갈색 피부 완성!!

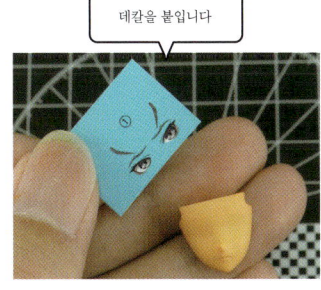

데칼을 붙입니다

한쪽씩 잘라서 물에 담그세요

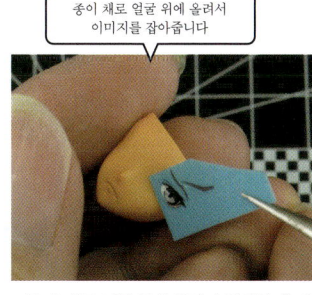

종이 채로 얼굴 위에 올려서 이미지를 잡아줍니다

▲묽은 도료로 물들이듯이 칠하다 보면, 얼굴의 볼록한 부분이 자연스레 얇어지면서 그러데이션 효과가 생겨납니다.

▲데칼을 붙일 때는 붙이고 싶은 표정을 이렇게 잘라주세요.

▲자른 데칼을 물에 담갔으면, 키친타월 등에 올려서 불필요한 수분을 제거합니다.

▲종이 채로 얼굴 위에 올려서 위치를 확인. 이미지를 잡은 뒤에 붙여주세요.

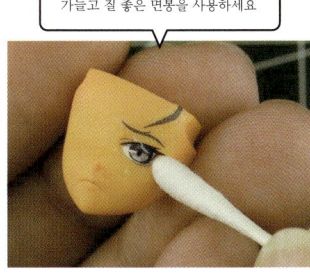

가늘고 질 좋은 면봉을 사용하세요

다 붙였으면 위치를 확인

먼저 유광 스프레이!

그 뒤에 무광 스프레이

▲얼굴은 정밀도를 조금이라도 높이고 싶은 부분. 눈 데칼을 예쁘게 붙일 수 있게, 가늘고 털이 잘 일어나지 않는 면봉을 사용하세요. 아기용 면봉을 추천합니다.

▲데칼을 붙였으면 위치를 확인. 갈색으로 칠한 탓인지 테두리 부분이 눈에 띕니다. 이것은 탑코트로 수정합니다.

▲데칼의 단차와 테두리의 번들거림이 신경 쓰일 때, 클리어를 2단계로 뿌려주세요. 먼저 유광 스프레이. 이걸로 표면 전체가 균등하게 유광이 됩니다. 수성 프리미엄 탑코트 유광을 추천합니다.

▲유광 상태 위에 무광을 뿌리면 완성. 데칼 테두리도 눈에 띄지 않게 됐습니다.

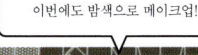

▲이거 정말 편리하네? 라는 말이 나올 정도로, 타미야 웨더링 마스터 G세트의 밤색은 최고입니다. 갈색 피부 메이크업에도 좋습니다.

▲일반 피부색과 같은 곳에 밤색을 칠해주세요.

▲적신 면봉으로 조정해주세요.

▲색이 달라졌어도 기본은 똑같습니다!! 이 도색 방법을 알면, 다양한 피부색을 잘 칠할 수 있습니다.

●몸통 갈색 도색

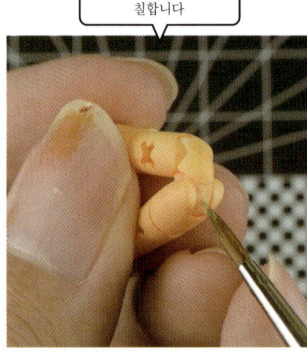

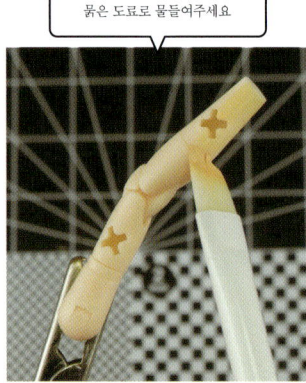

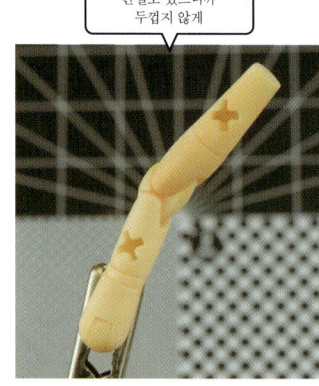

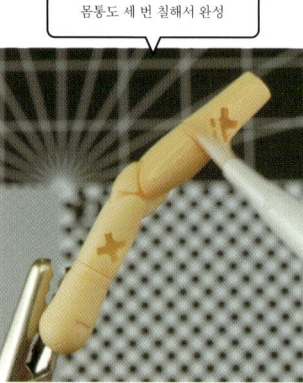

▲얼굴에 맞춰서 몸통도 갈색으로 칠합니다. 이쪽도 성형색 위에 칠하겠습니다. 도료가 잘 입혀지도록 600번 사포로 밑처리를 해줍니다.

▲세 번 정도 칠하면 색이 발색되는 농도로 칠해주세요.

▲몸통에는 가동하는 곳이나 디테일이 있습니다. 그런 부분에 주의하면서 칠해주세요.

▲얼굴처럼 세 번 칠해서 완성. 이 뒤에 가동 부분 도색을 합니다.

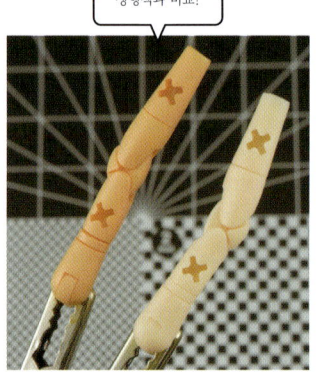

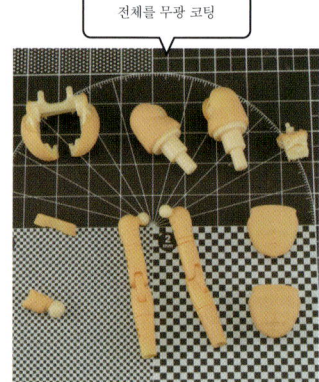

▲붓도색은 이렇게 조립한 상태에서 보이는 부분만 칠하는 게 좋습니다. 쑥쑥 진행합니다. 가동 부분은 움직였을 때 노출되는 곳이 있으니까, 그런 부분도 빠트리지 말고 칠해주세요.

▲성형색과 비교하면… 이렇게까지 달라졌습니다!! 컬러 체인지는 정말 재미있습니다.

▲엉덩이나 허벅지의 음영색으로 타미야 웨더링 컬러 G세트 밤색을 사용. 몸통에도 음영색이 들어가면 분위기가 더 좋아집니다.

▲얼굴에 맞춰서 몸통도 갈색으로 칠했습니다. 이쪽도 무광 스프레이를 뿌려서 전체적인 톤을 맞춰주세요.

●성형색을 살려서 머리카락을 아름답게

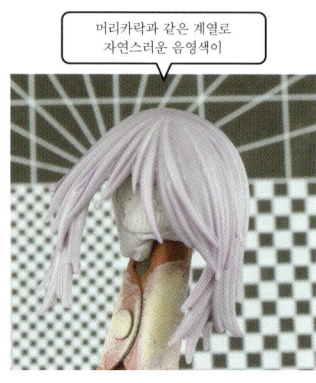

▲머리카락은 성형색을 살립니다. 먹선을 넣어주는데, 검은색이나 회색이 아니라 머리카락과 같은 계열의 어두운 색을 흘려넣는 쪽이 좋습니다.

▲먹선 도료가 잘 먹도록, 무광을 뿌려줍니다.

▲시타델 셰이드, 드루치 바이올렛을 라미안 미디엄으로 희석해서 셰이딩. 머리카락색과 딱 어울립니다.

▲이렇게 머리카락과 같은 계열 어두운 색으로 먹선을 넣어주면 좋습니다!

FINISHED
VOLKS VLOCKer's FIORE DRACAENA & NEBULA

침착하게 겹칠.
이러면 미소녀 프라모델을
예쁘게 칠할 수 있습니다!

묽은 도료(물처럼 묽어지기 직전 정도)를 세 번 칠하면 이렇게 에어브러시로 칠했나? 처럼 깔끔한 도색이 됩니다. 특히 바예호는 색이 잘 먹히고 발색도 좋아서, 이런 방법에 딱!!

작례처럼 피부색만 바꾸고 다른 부분은 성형색을 살리는 것도 미소녀 프라모델에 어울립니다. 꼭 따라해보세요.

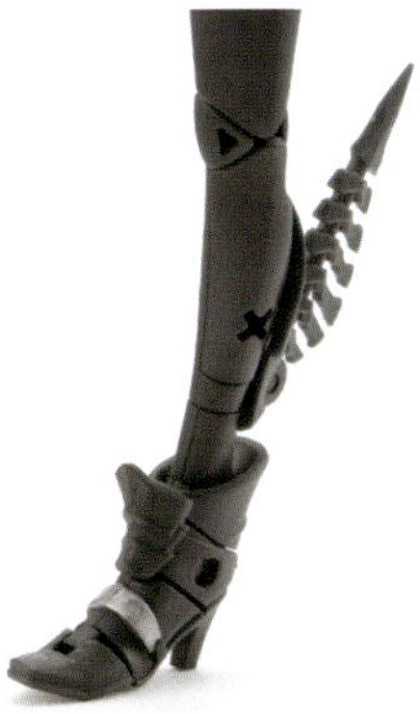

▲악센트로 각 부분에 메탈릭 색을 도색. 바예호의 은색은 예뻐서 추천합니다.

▲▶머리카락에 같은 계열색 음영이 들어가면서 원래 잘 조형된 머리카락의 입체감이 강조되어, 더 멋지게 보입니다!!

◀드라세나의 피부를 제외한 부분은 성형색도 훌륭해서, 스펀지 사포로 가볍게 처리해준 뒤에 무광 스프레이만 뿌려줬습니다. 정말 멋지게 완성됐습니다.

PART.3 vallejo color by vallejo

섹시 미녀 피규어 도색도 바예호에게 맡겨주세요!!

보크스가 취급하는 하이퀄리티 레진 피규어를 칠해보자!!

보크스는 바예호 붓도색을 즐길 수 있는 해외 메이커의 레진 미니어처도 다수 취급하고 있습니다. 그중에서도 뉴질랜드의 린보 디비전 209의 여성들은, 사이버 펑크와 섹시가 믹스된 멋진 미니어처가 다수 판매되고 있습니다. 이번에는 그런 섹시하고 쿨한 미니어처에, 일본을 대표하는 미니어처 페인터 중에 한 사람인 프라시바 씨가 도전!! 요염한 피부 칠하는 방법과 밀착한 이너 수트의 표현 등, 섹시 페인트 테크닉을 듬뿍 전해드립니다!!

이 작례의 POINT!!
- 섹시한 피부 도색
- 이너 수트를 섹시하게 칠하자
- 아머의 광택을 표현

린보 디비전 209
클라우디아 시저(75mm)
제작·글/프라시바

LIMBO DIVISION 209
CLAUDIA CAESAR(75mm)
modeled&described by PURASHIBA

NAVIGATOR
프라시바/일본 관동에 사는 미니어처 모델러. 정밀한 페인팅과 미려한 그러데이션이 압권!! 캐릭터 키트와 스케일 키트도 제작하는 멀티 플레이어.

바예호 그레이 프라이머를 뿌렸습니다

▲칠하기 쉽도록 오른손과 몸통을 접착. 왼손은 황동봉과 창꼬리를 접착, 머리와 왼손 창끝은 칠한 뒤에 접착합니다.

물통은 안정적인 용기로

▲100엔 숍 등에서 파는 큼직한 유리 용기는, 자체 무게가 있어서 붓을 헹굴 때 아주 안정적입니다.

혼색하려면 워터 팔레트가 필수

▲프라시바 씨는 혼색한 도료나 묽게 희석한 도료를 칠하는 경우가 많습니다. 그래서 도료가 굳지 않도록 워터 팔레트를 자주 사용합니다.

●도색 준비!!

잘 흔들어주세요!!

▲도료를 잘 섞는 것은 기본 중의 기본! 잘 흔들거나 손바닥에 탁탁 두드려서 확실하게 섞어주세요.

사용할 만큼 워터 팔레트 위에 덜어주세요

▲바예호는 튜브형 용기라서 도료를 덜어내기가 정말 편합니다.

물로 희석하고 잘 섞어주세요

▲프라시바 씨의 도색 준비 특징은 물과 도료를 잘 섞어주는 것. 잘 섞으면 섞을수록 매끄럽게 칠해진다고 합니다.

●섹시한 피부를 목표로!!

먼저 피부의 붉은 느낌!!

▲바예호 올드 로즈를 칠합니다. 이 사진은 이미 칠한 상태. 이만큼 빨개집니다.

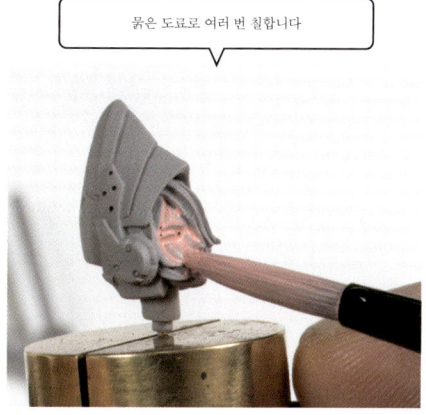

묽은 도료로 여러 번 칠합니다

▲진한 도료를 칠해버리면 디테일이 묻혀버립니다. 묽은 도료로 세 번 정도로 나눠서 칠하세요.

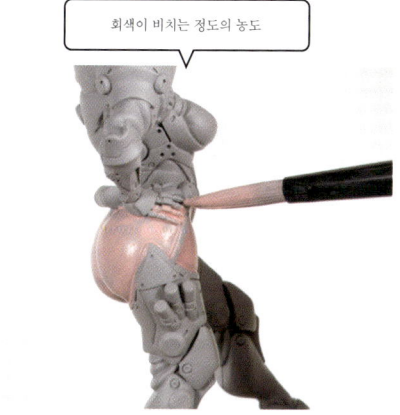

회색이 비치는 정도의 농도

▲이 사진처럼 한 번 칠했을 때 회색이 비치는 농도로 칠합니다.

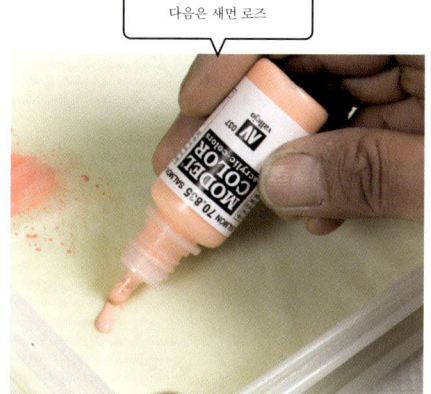

다음은 새먼 로즈

▲다음은 보다 피부색에 가까운 새먼 로즈를 사용합니다. 물로 묽게 희석합니다.

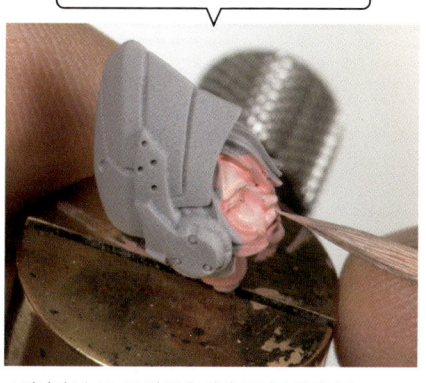

얼굴의 볼록한 부분 위주로 칠해줍니다

▲이마와 볼, 코, 코 밑 등을 새먼 로즈로 칠합니다.

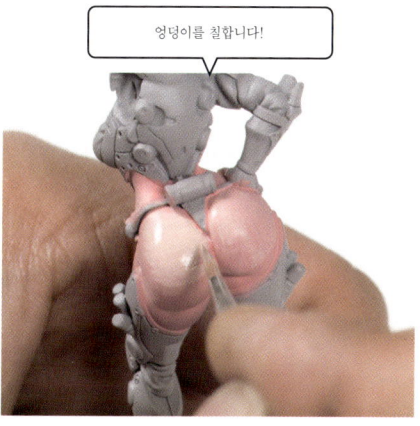

엉덩이를 칠합니다!

▲허리께부터 엉덩이의 볼록한 부분까지 칠해줍니다. 붉은 느낌을 슬쩍 남겨두면 섹시한 힙이 됩니다.

▲중앙 부분을 칠합니다. 이 피부색이 메인 칼라이고, 이 위에 보다 밝은 피부색을 겹칠합니다. 피부 끝부분은 붉은 기운을 살짝 남겨두세요.

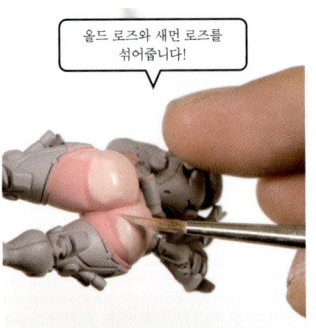
▲자연스러운 그러데이션을 만드는 요령 중에, 먼저 칠한 색을 섞어서 칠하는 방법이 있습니다. 새먼 로즈 전에 칠한 색은 올드 로즈. 이 둘을 섞습니다.

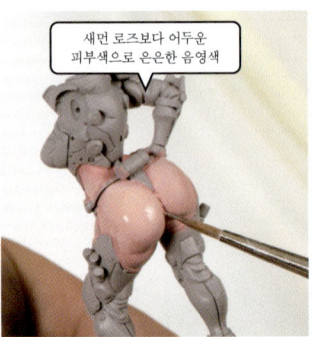
▲새먼 로즈와 올드 로즈의 중간 색이니까, 은은한 음영색이 됩니다. 이것을 엉덩이 가장자리에 칠해주면, 입체감이 생겨납니다.

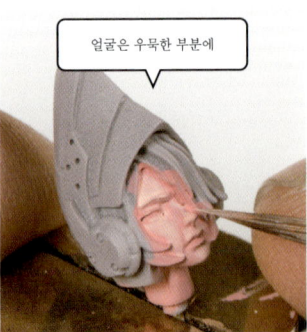
▲얼굴은 코 옆의 우묵한 부분과 눈꺼풀 아래 등에 칠해줍니다. 피부는 이 공정으로 OK.

▲먼저 흰자위를 그립니다. 사용하는 색은 아이보리. 노르스름한 흰색이라서 피부색과도 어울립니다.

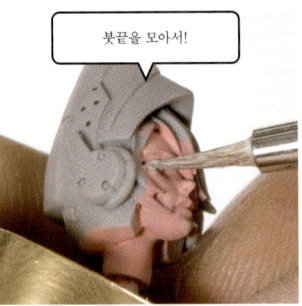
▲칠한다기보다 붓끝의 도료를 흘려넣는 이미지로. 눈 안에 붓을 톡, 하고 대줍니다.

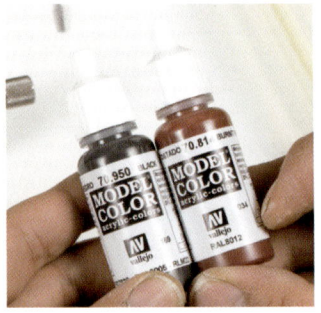
▲레드 브라운과 검정을 섞어서 칠합니다.

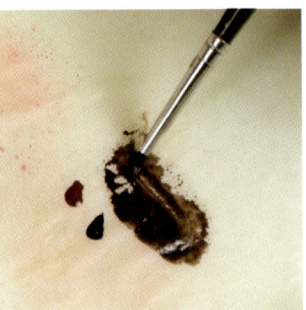
▲두 색을 섞고 물을 넣어서 묽게 희석하세요.

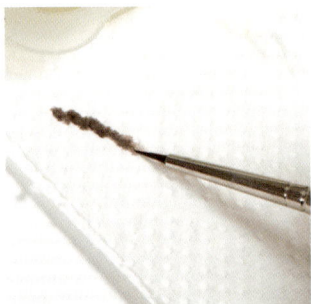
▲붓에 묻힌 뒤에 키친타월에 살짝 대줍니다.

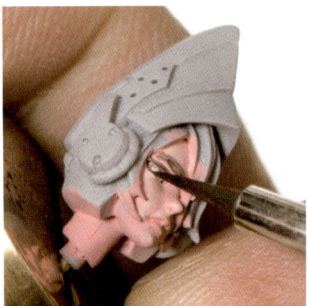
▲최대한 삐져나오지 않게, 신중하게 그려주세요.

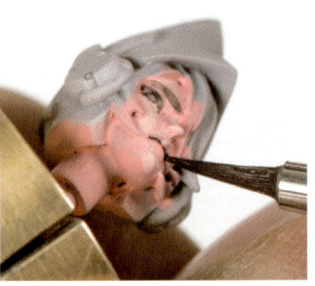
▲입의 그림자도 이 도료로 그려줍니다.

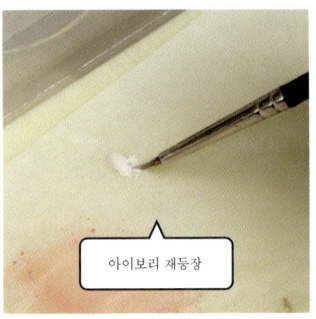
▲아이보리로 다시 흰자위를 조정합니다.

▲눈의 윤곽선이 지워지지 않도록 남겨두면서 흰자위를 부활시킵니다.

▲눈동자는 블루 그린으로.

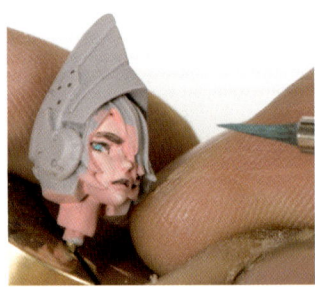
▲붓끝으로 눈을 콕, 찍는 느낌으로 도료를 얹어줍니다.

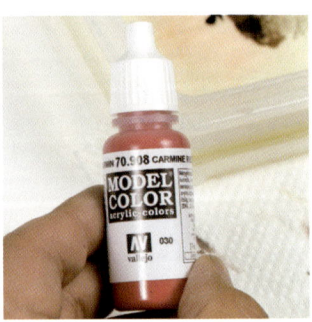
▲아랫입술에 카마인 레드를 칠합니다. 윗입술은 아까 칠한 레드 브라운+블랙을 남겨둡니다.

▲카마인 레드를 아랫입술에 칠합니다.

▲다음은 핑크. 립스틱을 칠하는 느낌입니다.

▲아랫입술의 도톰한 부분에 핑크를 얹어주세요.

▲머리카락 도색. 라이트 오렌지, 헐 레드, 라이트 플레시를 사용합니다.

▲먼저 머리카락의 메인 컬러인 헐 레드부터. 묽게 희석해서 칠합니다.

▲머리카락은 요철이 확실하니까, 디테일 안쪽까지 도료를 흘려 넣으세요.

▲라이트 오렌지는 블론드의 하이라이트로 좋습니다.

▲튀어나온 부분에 라이트 오렌지를 칠해줍니다.

▲그리고 볼록한 부분의 정점에 라이트 플레시를 얹어서 하이라이트를 그립니다. 이걸로 머리카락 완성!!

●이너 수트의 딱 붙는 느낌을 도색으로 연출하자!

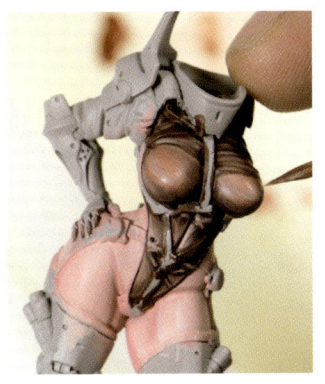   

▲이 캐릭터의 이너 수트는 스트레치가 들어간 딱 붙는 모양. 이 밀착감과 비치는 느낌을 도색으로 도전해보겠습니다!

▲이쪽은 베이스가 되는 색. 왼쪽부터 브라운 로즈, 캐벌리 브라운, 헐 레드.

▲아이보리 외에 비치는 느낌을 연출하기 위해, 에어브러시용으로 묽게 희석한 바예호 에어도 사용합니다(파이어 레드와 라이트 퍼플 브라운)

▲먼저 헐 레드를 단순하게 칠해줍니다.

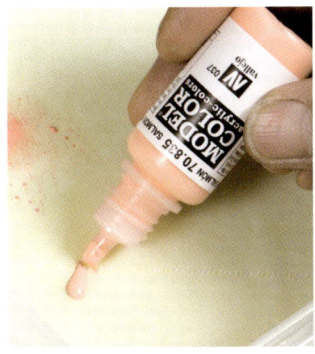 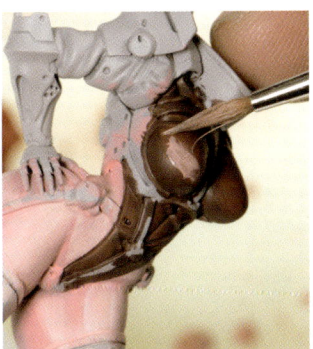 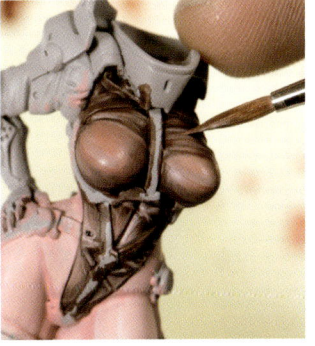 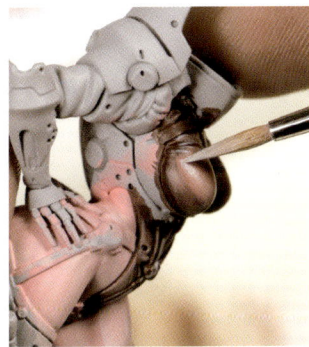

▲다음으로 캐벌리 브라운을 가슴 위쪽과 복근이 튀어나온 부분에 칠합니다.

▲브라운 로즈로 하이라이트를 그려줍니다.

▲볼록한 부분에 브라운 로즈, 음영으로 희석한 라이트 퍼플을 칠해주면 좋습니다. 파이어 레드는 취향에 따라.

▲광택이 두드러지는 부분에 아이보리를 넣어줍니다.

●장갑을 칠합시다!

 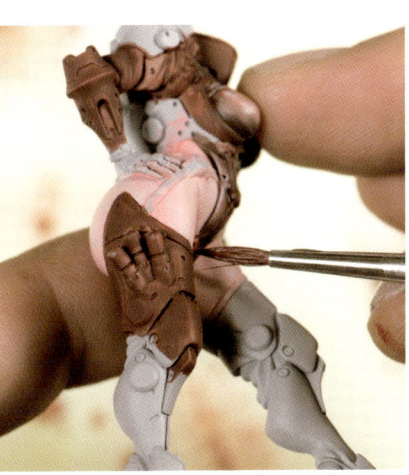 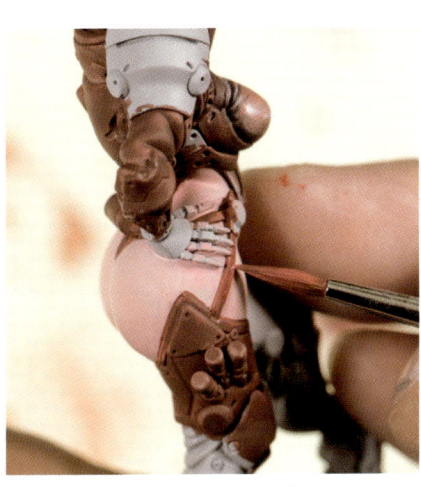

▲조금 전의 바예호 에어와 함께, 이 4색을 사용해서 장갑을 칠하겠습니다. 왼쪽부터 라이트 플레시, 핑크, 카마인 레드, 번트 레드입니다.

▲먼저 번트 레드를 칠해줍니다.

▲장갑 중앙부에 카마인 레드를 칠합니다.

PART.3 vallejo color by vallejo   079

▲에어 파이어 레드로 면의 중앙 부분을 물들여줍니다.

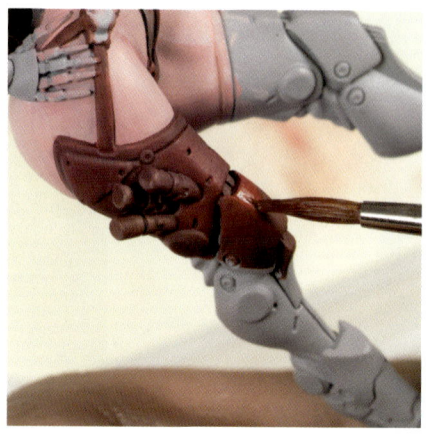
▲물들이는 느낌으로 칠합니다. 에어가 묽어서 절묘한 그러데이션이 됩니다.

▲장갑의 하이라이트에는 핑크를 사용합니다.

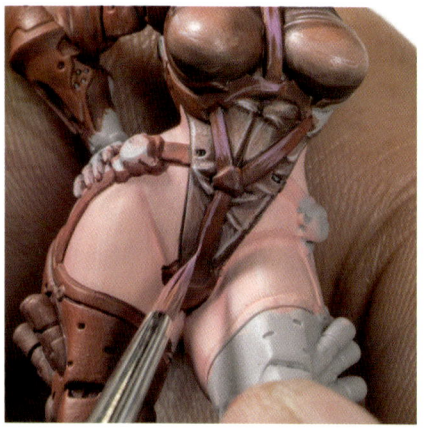
▲장갑을 연결하는 스트랩은 엣지 외에 정점 부분에도 하이라이트를 넣어주면 멋있습니다.

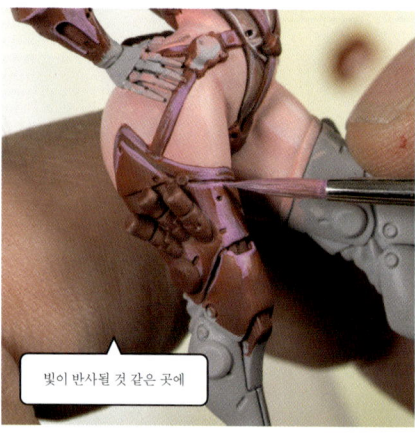
▲그리고 장갑의 빛이 반사될 것 같은 곳에 핑크를 칠하면, 광택이 느껴지는 것 같은 표현이 됩니다.

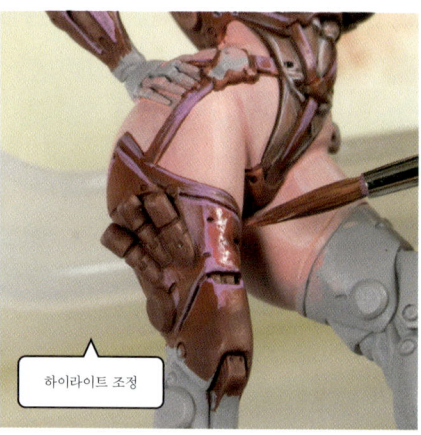
▲아까 아머를 물들인 파이어 레드는, 하이라이트 조정에도 사용합니다. 하이라이트가 너무 들어간 부분에 이 색을 얹어서 다시 물들일 수 있습니다.

▲핑크색 하이라이트 조정이 끝났으면 아이보리로 가장 밝은 하이라이트를 넣습니다.

▲투구 정점과 엣지는 절호의 하이라이트 포인트.

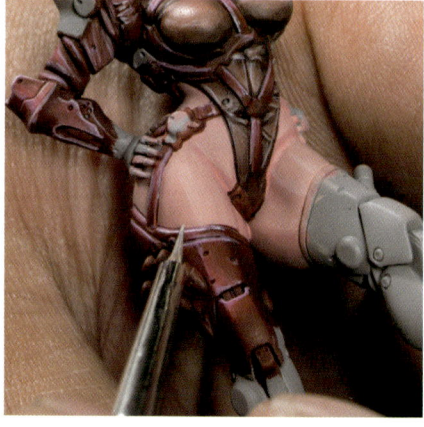
▲아머 테두리에도 적절히 넣어주면 모형의 악센트가 됩니다.

▲검정은 아주 강한 색이니까, 새카만 블랙이 아니라 블랙 70950의 회색 같은 블랙을 칠합니다.

▲그리고 팬저 에이스 다크 러스트를 칠합니다.

▲엣지 하이라이트에 화이트 그레이를 사용했습니다만, 너무 확 변하는 것 같아서, 다크 러스트와 화이트 그레이를 섞어서 세 번째 색으로 사용했습니다.

FINISHED
LINBO DIVISION 209 CLAUDIA CAESAR(75mm)

▲파랗게 빛나는 이펙트는 안쪽에서 빛나는 것처럼 표현하기 위해, 밝은색부터 몰드에 흘려 넣는 것처럼 칠했습니다. 희석한 라이트 터쿼이즈를 라이트 블루 주변에 적셔주는 것처럼 옅게 칠한 뒤에 말리고, 상태를 보면서 반복해줍니다. 빛나는 부분을 제일 밝게 표현하고, 그 주변이나 장갑에 삐져나온 것처럼 물들여 주면, 확산이나 반사광처럼 보여서 효과적입니다.

▶머리카락과 얼굴의 대비가 상당히 또렷해서, 회화처럼 보입니다. 아마도 메탈릭 색을 사용하지 않고 광택 느낌을 연출했습니다.

▲사용한 피부색이 세 가지뿐이라는 걸 믿을 수 없을 만큼 요염한 피부색. 미니어처의 좋은 조형을 100% 살린 도색입니다.

▲이너 수트의 비치는 느낌도 훌륭. 풍만한 흉부의 라인이 강조됩니다.

바예호로 맛보는 미니어처 도색의 즐거움

바예호는 선명한 색부터 어두운 색까지 상당히 풍부한 색 종류를 자랑합니다. 이번 작례에서도 각 부분의 그러데이션을 풍부하게 표현한 것은 바예호의 색 종류 덕분입니다. 이 작례처럼, 만들고 싶은 미니어처를 사서 자신이 칠하고 싶은 메인 컬러와 비슷한 색을 여러 가지 준비하기만 해도, 붓도색으로 그러데이션 도색에 도전할 수 있을 것입니다!!

영국 출신의 엄청난 녀석. 압도적인 도색 편의를 느껴보라!!!

최근에 가장 주목받고, 일본의 도료 메이커들을 크게 자극한 영국 출신의 수성 도료 「시타델 컬러」. 오래 전부터 존재해온 도료지만, 프라모델 세계 바로 옆에 있는 미니어처 보드 게임에서 많이 이용되는 도료였고, 프라모델에서는 그다지 사용하지 않았습니다.

하지만 모형 유저들이 이 도료를 사용해보니, 너무나 칠하기 편해서 큰 붐이 일어났습니다!!! 지금은 대형 모형 양판점에서도 취급하기 시작했고, 다양한 곳에서 구할 수 있습니다. 시타델 컬러는 물만 있어도 완전히 콘트롤할 수 있는, 아주 쾌적한 도료. 그러면서 차폐력과 발색도 좋은 초고성능 수성 도료입니다. 여기서부터는 그런 시타델 컬러의 매력을 한껏 전해드리겠습니다.

PART.4

시타델 컬러 by 게임즈 워크숍
Citadel Colour by Games Workshop

고성능&완성된
페인팅 시스템이
자아내는 매혹적인 세계!!!

●발매원/게임즈 워크숍 ●600엔~

하이 디테일 미니어처를 많은 사람들이 즐길 수 있도록!!!
초고성능 수성 도료 「시타델 컬러」

영국의 미니어처 게임 메이커 「게임즈 워크숍」에서 발매된 수성 도료입니다. 냄새가 거의 없고, 오로지 물만으로 도료 희석과 붓 세정이 가능합니다. 높은 차폐력과 잘 퍼지는 점도 특징 중 하나입니다.

공식에서 공개한 「시타델 컬러 시스템」은, 차트에 있는 대로 색을 사용하기만 해도 간단하게 입체적인 느낌의 도색이 가능한, 너무나 편리한 것입니다. 각 도료의 종류마다 역할이 확실하게 구분돼 있습니다. 여기서는 종류 설명과, 도색 준비를 설명하겠습니다.

● 시타델 컬러는 역할 분담이 확실! 용도를 알아두고 즐겁게 붓도색!!

시타델 컬러의 용기에는 색의 이름 외에 베이스나 레이어, 셰이드 등의 문구가 적혀 있습니다. 이것은 도료의 종류를 뜻합니다. 종류마다 용도와 특성이 있으니까, 잘 기억해두세요.

최강의 차폐력과 좋은 발색!!

베이스
▲베이스는 이름 그대로 시타델 컬러의 기본으로, 밑색으로도 사용하는 도료입니다. 차폐력과 발색이 좋고, 어두운 색이 많습니다. 가장 사용하기 편한 도료이며, 미니어처는 물론이고 다양한 모형 장르에서 살짝 색을 넣고 싶을 때 잘 사용됩니다. 빨간 라벨을 확인하세요.

투과성이 있는 도료. 그러데이션은 맡겨주세요!

레이어
▲레이어는 투과성이 있는 도료로 주로 베이스 위에 사용하며, 밑색을 살리는 도색이 가능합니다. 베이스보다 밝은색이 많고, 미니어처 도색에서는 하이라이트나 그러데이션에 사용합니다. 용기의 라벨은 파란색.

> 먹선&음영 표현의 스페셜리스트

셰이드

▲다른 컬러보다 묽은 색. 유동성이 높고 먹선 등 디테일의 음영을 강조해줄 수 있습니다. 이 도료를 칠하면 붓 자국이 눈에 띄지 않습니다. 라벨은 녹색.

> 드라이 브러시용 세미 웨트 타입

드라이

▲드라이 브러시라는 기법에 사용하는 전용 도료. 시타델 컬러 중에 가장 고농도. 탱글탱글한 상태입니다. 레이어보다 밝은색이 많고, 모형의 볼록한 부분에 색을 넣어서 하이라이트를 표현하는 데 좋습니다. 라벨은 밝은 갈색.

> 물들여서 빠르게 칠한다

콘트라스트

▲셰이드를 컬러풀하게 만든 것 같은 도료. 키트의 몰드를 따라서 볼록한 부분은 옅은 색, 오목한 부분에는 진한 색이 고이면서 자동으로 그러데이션을 만들어주는 도료입니다. 희석하지 않고 사용하거나, 전용「콘트라스트 미디엄」을 섞어서 사용합니다. 키가 큰 용기와 콘트라스트라는 문자를 확인하세요.

> 아쉬운 부분을 해결! 정말 편리한 도료

테크니컬

▲시타델 컬러를 매끄럽게 희석할 수 있는 라미안 미디엄과 칠하기만 해도 지면이 완성되는 텍스처계 도료가 있습니다. 테크니컬이라는 이름대로 다른 도료로는 할 수 없는 특별한 효과에 특화됐습니다.

●시타델 컬러 도색 준비!!

시타델 컬러는 도색 준비가 아주 간단!! 5단계로 소개하겠습니다

> 먼저 잘 흔든다!!!

▲시타델 컬러는 뚜껑을 닫은 상태로 잘 흔들어서 섞어줍니다. 뚜껑을 열고 조색 막대 등으로 섞으면 공기와 반응해서 말라버리니까 조심하세요.

> 도료를 덜어낸다

▲뚜껑을 열면 주걱 같은 부분이 있는데, 여기 있는 도료를 붓으로 덜어주세요.

> 팔레트에 놓는다

▲그대로 팔레트 위에 놓습니다.

> 붓에 물을 머금어준다

◀붓에 물을 조금 머금어줍니다. 이렇게 파문이 톡, 하고 퍼지는 정도면 OK.

> 물과 섞는다!!

◀붓에 머금은 물과 도료를 섞어주면 도색 준비 OK!!!

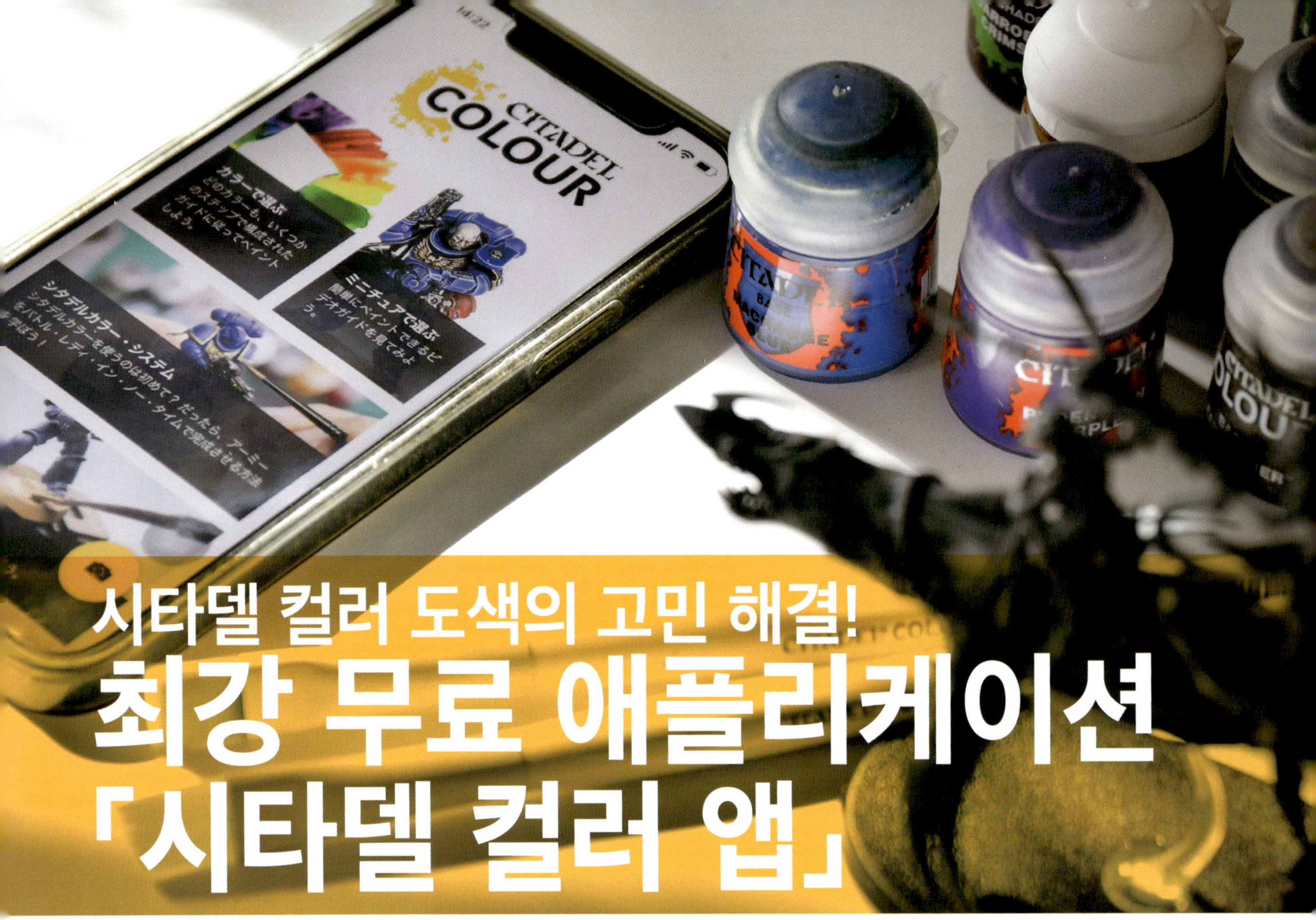

시타델 컬러 도색의 고민 해결!
최강 무료 애플리케이션 「시타델 컬러 앱」

스마트폰으로 시타델 교과서를 입수!

게임즈 워크숍은 미니어처 도색의 즐거움을 보급하기 위해 무료 애플리케이션 「시타델 컬러 앱」을 배포하고 있습니다. 이것이 '정말 무료 맞아?'라는 생각이 들 정도로 충실합니다. 앱을 다운로드하면 도료 검색, 그러데이션 이미지, 기본적인 칠하는 방법을 동영상으로 볼 수 있습니다. 지금 바로 다운로드 해보세요!!!

다운로드 방법 ▶ iPhone, Android 앱 스토어에서 「Citadel Colour」를 검색. 무료로 다운로드할 수 있습니다.
(국내 스토어에서 다운로드 가능한 앱은 영어 버전이며, 한국어는 지원하지 않습니다. 이 책은 일본어 버전을 수록하였습니다.)

●색을 고르기가 편해진다!!

시타델 컬러에서 발매한 컬러를 사용해서, 여러분이 칠하고 싶은 색을 소개해줍니다. 시타델 컬러 카탈로그가 아니라 페인트 가이드입니다.

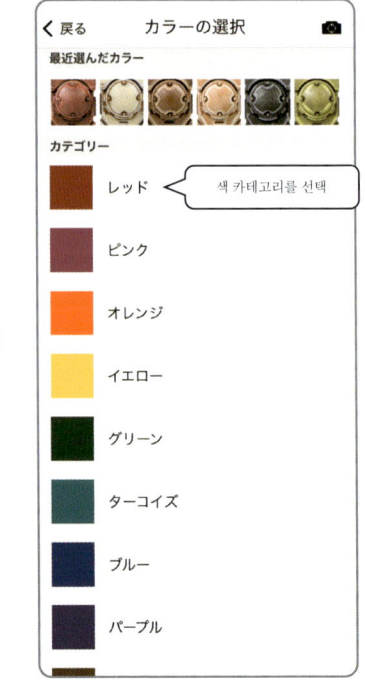

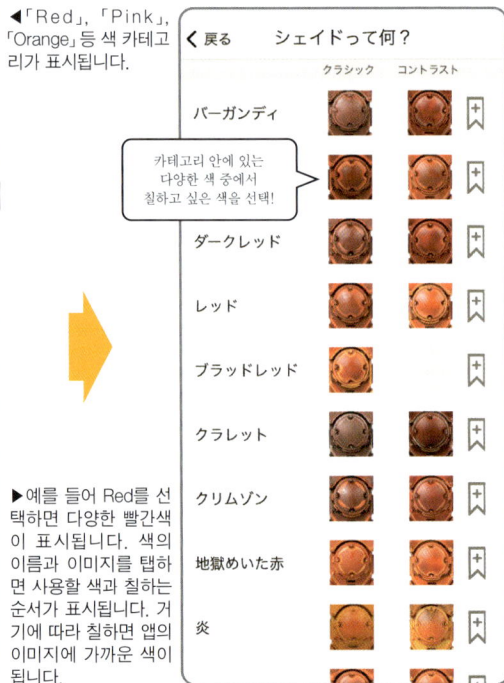

▶예를 들어 Red를 선택하면 다양한 빨간색이 표시됩니다. 색의 이름과 이미지를 탭하면 사용할 색과 칠하는 순서가 표시됩니다. 거기에 따라 칠하면 앱의 이미지에 가까운 색이 됩니다.

● 칠하고 싶은 모델의 색이 알고 싶다!!

구입한 워해머 모델의 색을 알고 싶을 때 편리한 기능!

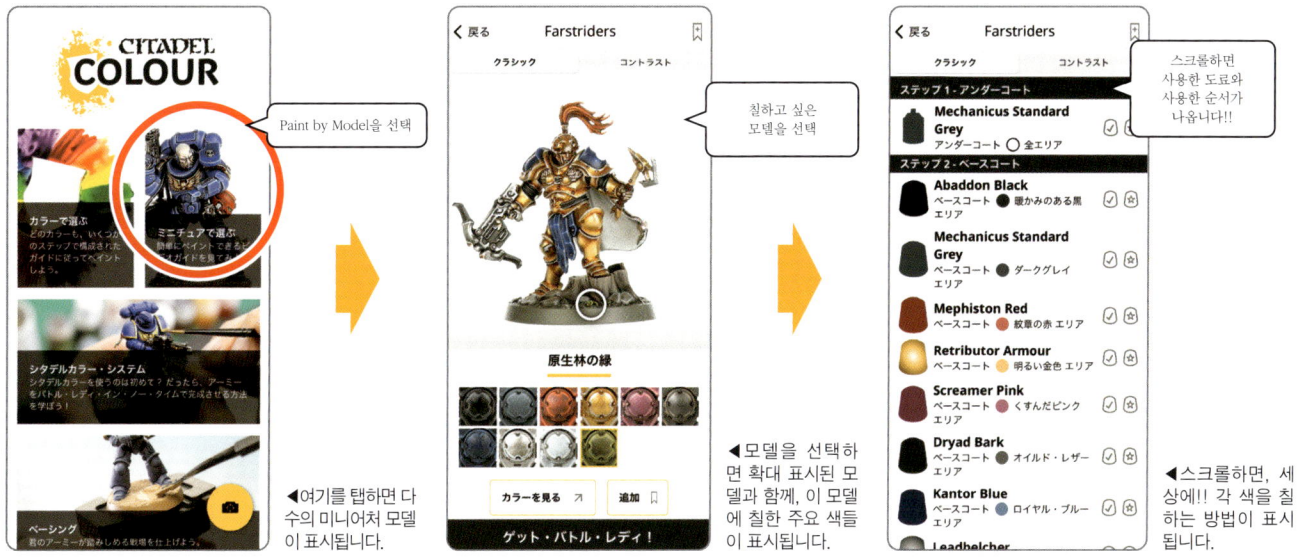

◀여기를 탭하면 다수의 미니어처 모델이 표시됩니다.

Paint by Model을 선택

칠하고 싶은 모델을 선택

스크롤하면 사용한 도료와 사용한 순서가 나옵니다!!

◀모델을 선택하면 확대 표시된 모델과 함께, 이 모델에 칠한 주요 색들이 표시됩니다.

◀스크롤하면, 세상에!! 각 색을 칠하는 방법이 표시됩니다.

● 시타델 컬러 시스템을 알고 싶다!

많은 사람들이 멋지게 칠할 수 있도록, 시타델 컬러는 색마다 사용하는 도료의 순번을 명확하게 구분한, 시타델 컬러 시스템을 제공합니다. 이 코너를 통해 그 체계를 배울 수 있습니다.

▶그러면 시타델 컬러가 오랜 세월 쌓아온 도료 기술의 세계를 볼 수 있습니다.

「Citadel Colour System」을 탭

오랫동안 쌓아온 시타델 컬러 시스템을 확인

● 지면도 만들 수 있다!!

시타델 컬러에는 칠하면 지면을 표현할 수 있는 도료도 있습니다. 그 도료의 사용 예도 자세하게.

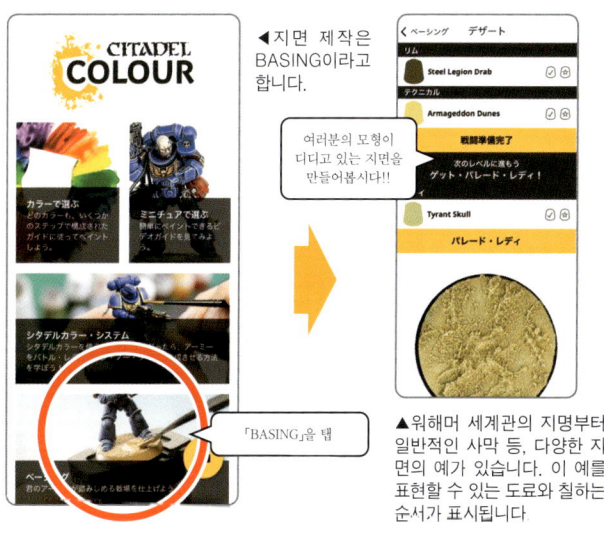

◀지면 제작은 BASING이라고 합니다.

여러분의 모형이 디디고 있는 지면을 만들어봅시다!!

「BASING」을 탭

▲워해머 세계관의 지명부터 일반적인 사막 등, 다양한 지면의 예가 있습니다. 이 예를 표현할 수 있는 도료와 칠하는 순서가 표시됩니다

● 비디오 가이드로 더 높은 경지에!!

비디오 가이드는 영상 중심 콘텐츠. 도료 섞는 방법과 붓 종류 소개 같은 기본부터, 도색 테크닉까지 볼 수 있습니다.

▲「Advanced Guides」를 탭하면 동영상 항목이 나옵니다.

동영상 세계로 Go!!

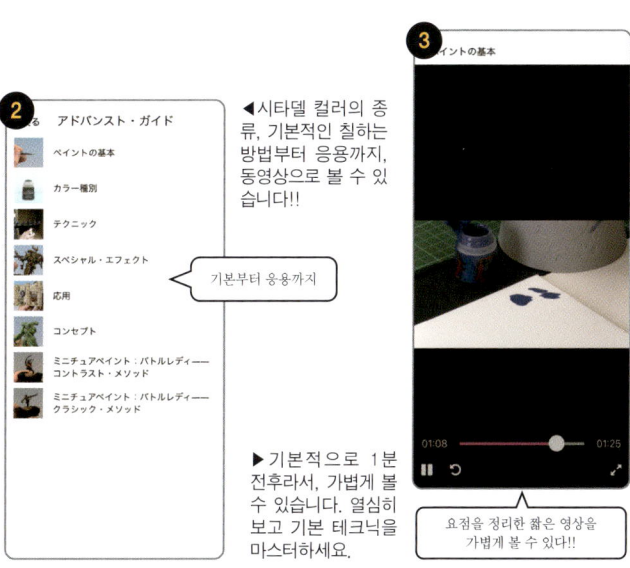

기본부터 응용까지

◀시타델 컬러의 종류, 기본적인 칠하는 방법부터 응용까지, 동영상으로 볼 수 있습니다!!

▶기본적으로 1분 전후라서, 가볍게 볼 수 있습니다. 열심히 보고 기본 테크닉을 마스터하세요.

요점을 정리한 짧은 영상을 가볍게 볼 수 있다!!

● 구입한 도료도 관리 가능!!

도료를 사러 갔다가 이 도료를 전에 샀는지 생각이 안 날 때가 있죠. 앱으로 도료 관리도 가능하니까, 자신이 가지고 있는 도료에 체크해두세요!

체크만 하면 끝!

◀모든 도료가 카탈로그처럼 표시됩니다. 여기에 체크만 하면 끝! 구입하고 싶은 컬러를 체크할 수도 있습니다.

PART.4 Citadel Colour by Games Workshop

먼저 시타델 컬러의 즐거움을 체감해보자!!!

어쨌거나 재미있는 시타델 컬러!

시타델 컬러 시스템이나 도료 종류 등등, 왠지 배워야 할 게 많을 것 같다….
그런 여러분에게 '먼저 시타델 컬러로 이런 걸 할 수 있고, 겨우 20분 만에 멋진 미니어처를 칠할 수 있습니다!'를 보여드리겠습니다. 즐거운 시타델 붓도색 세계에 오신 걸 환영합니다.

NAVIGATOR
게임즈 워크숍 스태프/게임즈 워크숍 일본 직영점「워해머 스토어」에서는 상품 판매 외에도 워해머를 시작하는 방법부터 미니어처 페인팅까지 폭넓게 지원해드리고 있습니다. 이 기사에서 소개하는 내용도 당연히 배울 수 있습니다. 점포 이벤트도 풍부하니 꼭 한 번 들러보세요.

● 베이스 컬러의 발색과 차폐력은 최고!!

앞 페이지에서 소개한 베이스 컬러는, 발색과 차폐력이 다른 도료와 차원이 다릅니다. 먼저 이 베이스 컬러로 시타델 컬러가 얼마나 칠하기 편한지 체험해보세요!!

이 빨간색은…
◀Mephiston Red, 시타델의 기본적인 빨간색입니다.

검은 색 위에도 단번에 발색!!
▶빨간 색이 이렇게 선명하게 발색됩니다. 검정색 위에 칠했다는 걸 믿을 수가 없습니다.

STORE FINDER

▲▶「워해머 스토어」 또는 취급 점포는 여기서 확인할 수 있습니다!

베이스 컬러 흰색은 반드시 구입!!
▲베이스 컬러의 대표 흰색 Corax White.

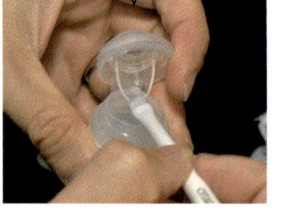
흰색은 라미안 미디엄을 섞어주면 좋습니다
▲베이스 컬러 흰색은 라미안 미디엄을 아주 조금 넣어주면 더 매끄러워지니까 추천합니다.

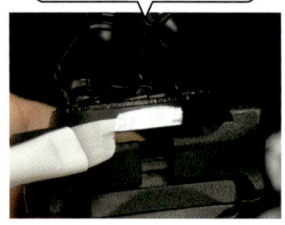
이쪽도 검정색 위에서 단번에 발색!!
▲흰색이 이렇게 발색됩니다! 이 칠하는 느낌을 일단 체험하면, 시타델 컬러의 매력에서 빠져나올 수 없습니다.

● 은색이 한 번에 이렇게. 즐거운 시타델 컬러 도색!!

여기서부터는 워해머 미니어처를 은색 하나로 멋지게 칠해보겠습니다. 베이스 컬러 도색, 셰이드, 드라이 브러시로 이어지는 시타델 컬러의 기본적인 도색 방법도 이 안에 다 들어 있습니다! 오늘 당장 따라할 수 있으니까, Lets try!!

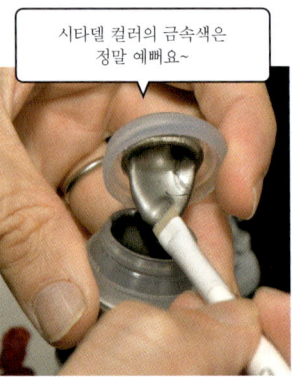
시타델 컬러의 금속색은 정말 예뻐요~
▲먼저 은색을 칠합니다. 베이스 컬러 Leadbelcher를 사용합니다.

반짝반짝!!!
▶검은색 바탕에 은색을 칠하면 중후하고 아름다운 색이!!

우묵한 부분도 문제없어!!
◀도료가 아주 잘 퍼지니까, 우묵한 부분에도 색이 잘 먹힙니다.

2분 만에 은색을 칠했습니다!!
▶순식간에 전신에 은색을 칠했습니다. 도료가 잘 퍼지고 차폐력이 좋아서 금세 칠할 수 있고, 붓 자국도 거의 안 생깁니다.

● 마법의 도료 「셰이드」는 시타델 컬러의 진수!!

시타델 컬러 중에 음영색을 칠하기 위한 도료가 「셰이드」. 먹선이나 필터링 등을 이 도료로 할 수 있습니다. 셰이드는 칠하기만 해도 분위기가 확 달라지니까 꼭 써보세요.

「은색과 Nuln Oil은 궁합이 최고입니다!!」
▲검은색 계열 셰이드 「Nuln Oil」. 잘 흔들어서 사용하세요.

「뚜껑에 달린 주걱에 도료가 고여 있습니다」
▲뚜껑 안쪽에 고여 있는 도료를 붓에 묻힙니다. 농도는 아주 묽은 상태.

「팔레트 패드에 옮겨줍니다」
▲보시는 대로 도료의 농도는 묽습니다. 이것을 칠해주기만 해도 분위기가 달라집니다.

▼셰이드가 마르면 칠한 부분이 무광이 됩니다. 덕분에 붓 자국이 사라지고, 은색 같은 메탈릭 컬러에 중후한 느낌을 연출해줍니다.

「마르면 무광 질감! 이 중후한 느낌!!!」

「몰드가 두드러진다!!」
▲머리와 상반신에 칠해주세요. 몰드에 먹선이 들어가고, 표면에 희미한 검은색 필터가 들어가면서 차분하고 멋진 색이 됩니다.

「셰이드는 잘 퍼트려주세요」
▲셰이드는 고여서 뭉치면 마른 뒤에 얼룩이 생깁니다. 붓으로 잘 퍼트려주세요.

● 드라이 브러시 전용 도료로 가볍게 그러데이션 도색이 가능!!!

「드라이 브러시 전용 도료!!」
▲밝게 조색됐고, 드라이 브러시로 하이라이트를 넣어줄 수 있습니다.

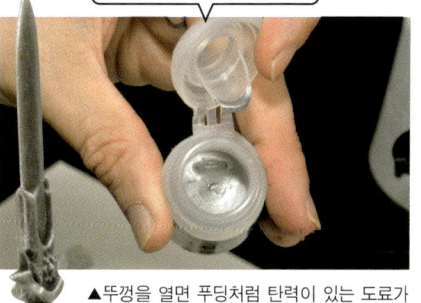
「도료는 세미 웨트 타입」
▲뚜껑을 열면 푸딩처럼 탄력이 있는 도료가 들어 있습니다.

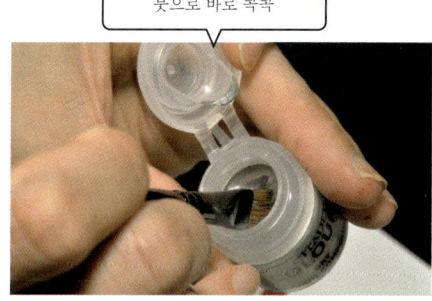
「붓으로 바로 콕콕」
▲붓끝으로 도료를 찍어줍니다.

「붓끝으로 디테일을 문질러보자!!」
▲도료를 묻힌 붓을 키친타월에 가볍게 닦고 나서 모형에 드라이 브러시!! 드라이 컬러의 밝은 은색 덕분에 다양한 디테일이 살아납니다.

◀드라이 브러시의 하이라이트 덕분에 멋있게 됐습니다!!! 이렇게 적은 공정으로 미니어처 모형 하나를 완성했습니다!!!

「완성!!!」

시타델 컬러의 잘 퍼지는 특성과 강한 차폐력은, 사용해보면 중독될 정도입니다. 베이스 컬러로 기본 도색을 해보면 그 성능을 충분히 맛볼 수 있습니다. 그리고 마법의 도료 셰이드 컬러는 칠하기만 해도 모형의 분위기를 확 잡아주고 멋지게 해줍니다. 마지막에 소개한 드라이 컬러는, 무한 드라이 브러시가 가능한 도료로, 적은 양으로도 아주 넓은 면적을 칠할 수 있습니다!!! 이 베이스, 셰이드, 드라이만 기억해두면 당장 오늘부터 시타델 컬러의 즐거움을 체감할 수 있습니다!!

PART.4 Citadel Colour by Games Workshop 089

CITADEL COLOUR
SPEED PAINTING

드라이 브러시는 시타델 컬러의 진수!! 간단하게, 프라모델을 멋지게 칠할 수 있습니다

시타델 컬러의 압도적으로 잘 퍼지는 특성&좋은 발색을 살려주는 것이 「드라이 브러시」. 처음 하는 사람은 꼭 이 기법을 배워서 즐겁게 도색을 즐겨보세요. 시타델 컬러의 드라이 브러시는 종종 농담처럼 「드라이 브러시가 무한으로 가능하네요~」라고 하는데, 이게 정말로 농담이 아니고, 일단 도료를 붓에 묻히면 장시간 도색이 가능합니다. 빠르고 간단, 그러면서 멋진! 그런 도색 방법을, 게임즈 워크숍에서 가르쳐주셨습니다!

paint/게임즈 워크숍 스태프

시타델의 베이스 코트 스프레이는 정말 편리!

◀시타델 컬러는 붓도색이 주목받지만, 캔 스프레이도 있습니다. 기본색이 되는 베이스를 단번에 칠할 수 있는 베이스 코트 스프레이입니다. 이번에는 이것을 사용해서 붓도색을 하겠습니다. 다수의 미니어처 모형을 단번에 칠할 때 정말 큰 도움이 됩니다.

Macragge Blue
●발매원/게임즈 워크숍 ●2500엔, 발매 중 ●400ml

▲이렇게 골판지 위에 테이프를 붙이고 그 위에 미니어처 모형을 붙이거나, 클립이 달린 손잡이로 잡아서 스프레이를 뿌려주세요. 한 번에 칠하려고 하지 말고 여러 번으로 나눠서, 여러 각도에서 뿌려서 전체에 도료를 입혀주세요. 날씨도 맑은 날이 좋습니다!!

스피드 페인팅 개시! 셰이드 컬러를 팍팍 도색!!

1 셰이드를 팍팍 칠하자!!

▲바로 셰이드를 칠합니다. 이 셰이드 도색이 이번에 가장 시간이 많이 걸립니다. Drakenhof Nightshade를 사용해서 팍팍 셰이딩 합니다.

2 칠한 미니어처를 예쁘게 늘어놓으면 너무나 즐겁습니다!!

▲하나를 칠했으면 옆에 있는 걸 집어서 셰이딩. 계속 반복합니다.

3 고인 셰이드를 조심하세요!!!

▲셰이드에서 조심해야 할 것은, 이렇게 디테일에 고인 남는 도료를 잘 퍼트려주는 것. 이대로 마르면 얼룩이 져서 모양을 해칩니다.

4 12분 37초 만에 셰이딩 완료!!

▲셰이드가 전부 마르면 완전히 건조시킵시다! 헤어 드라이어를 사용합니다. 드라이어를 사용할 때는 '냉풍'으로 30cm 정도 떨어져서 사용하세요. 사용할 타이밍은 '도료가 마르기 시작했을 때'. 칠하자마자 드라이어를 사용하면 셰이드가 바람에 밀리거나 허옇게 뜨기도 합니다. 셰이드를 완전히 말려주세요.

여러분도 할 수 있다!! 드라이 브러시로 스피드 그러데이션!

5 완전 건조까지 포함해 여기까지 16분

▲셰이드가 마르고 디테일이 살아나면서 분위기가 좋아졌습니다.

6

▲셰이딩이 끝났으면 베이스 코트와 같은 색인 Macragge Blue로 첫 번째 드라이 브러시를 해줍니다. 같은 색이지만 셰이드 덕분에 어두워진 모형에 드라이 브러시를 해주면 자연스러운 그러데이션이 생겨납니다.

7 붓을 빙글빙글!!!

▲도료를 묻혔으면 붓을 키친타올에 빙글빙글 돌리면서, 붓에 있는 도료를 닦아냅니다. 붓을 돌려주면 붓 전체의 도료를 균등하게 닦아낼 수 있습니다. 키친타올에 거의 묻어나지 않을 정도가 가장 좋은 상태입니다.

8

▲디테일이 튀어나온 곳을 중심으로, 붓을 버석버석 문질러줍니다. 디테일 부분이 밝아진 것이 보입니다.

9 드라이 브러시가 4분 2초 만에 종료!

▲1단계 드라이 브러시 종료. 벌써 분위기가 납니다. 팍팍 갑시다!

10 붓 속에서 도료가 섞인다?!

▲다음에는 Teclis Blue를 사용하는데, 붓에 주목! 좀 전에 칠한 Macragge Blue가 묻어 있습니다. 예, 이대로 사용합니다! 붓 안에서 도료가 섞이면서 그러데이션의 계조가 너무 달라지지 않는 자연스러운 색으로 드라이 브러시가 가능해집니다.

11

▲이번에도 붓을 돌려서 여분의 도료를 닦아냅니다. 이때 붓 안에서 도료가 섞입니다.

12

▲아까처럼 부품의 엣지나 디테일 부분을 노리고 드라이 브러시 해줍니다.

▲워해머 미니어처의 디테일이 확 두드러졌습니다. 분위기도 좋습니다.

▲두 번째 드라이 브러시 종료. 순식간에 끝. 약 10분 만에 파란색 그러데이션이 끝났습니다.
2단계 드라이 브러시 종료! 시간은 4분 53초!

여기까지 왔으면 하나씩 세부 도색. 한 개당 몇 분이나 걸릴까?

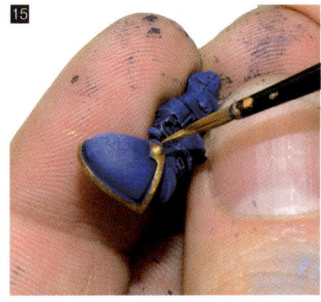
▲금색인 Retributor armour로 어깨와 가슴의 엠블럼을 칠합니다.

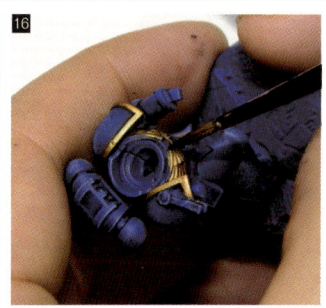
▲금색 부분에 Agrax Earthshade로 먹선 넣기.

▲다음엔 빨간 부분에 Mephiston Red를.

▲Leadbelcher로 은색 칠하기.

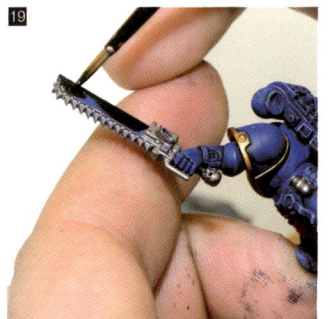
▲Abaddon Black으로 검은색 부분을.

▲Zandri Dust로 퓨리티씰 부분을 도색.
여기까지 15분!

여기서부터 다시 드라이 브러시가 대활약! 작은 부분 드라이 브러시

▲다음으로 얼굴. 검은색으로 언더코트한 위에 Bugman's Glow를 칠합니다. 도료를 드라이 브러시보다 조금 많이 묻혀서, 얼굴을 두드리듯 칠합니다. 얼굴의 우묵한 부분에 음영이 생기도록 하기 위해서입니다.

▲베이스 코트가 끝났으면 Reikland Fleshshade로 셰이딩. 도료가 고이지 않도록 잘 펴발라주세요. 눈과 입에 셰이드가 들어가면서 디테일이 선명해졌습니다. 붓 자국도 보이지 않습니다.

▲셰이드가 말랐으면 Bugman's Glow로 드라이 브러시. 튀어나온 부분이 밝아지면서 얼굴다워졌습니다.

▲Eldar Flesh로 두 번째 드라이 브러시. 드라이 브러시만으로도 이렇게 느낌이 사는 얼굴이 됩니다.

▲수염은 Mechanicus Standard Grey, 머리 장비는 Abaddon Black으로 칠해주세요.

▲수염과 같은 요령으로, 먼저 칠한 세세한 부분을 한 단계 밝은색으로 드라이 브러시 해주세요. 하이라이트가 들어가면서 포인트가 살아납니다.

한 시간 만에 하나를 완성했습니다!
하루에 한 개씩 가능해요!
완성!!

▶마지막으로 베이스 테두리를 검게 칠하면 완성!!

▲수염은 Administratum Grey로 드라이 브러시. 작은 부분이니까 세필로 해주면 좋습니다.

▲마무리는 베이스입니다. 돌바닥 부분과 지면 부분을 구분해서. 도료가 마르면 Agrax Earthshade로 셰이딩해서 베이스 전체에 먹선을.
작은 부분 도색은 30분 만에 종료!!

셰이드와 드라이 브러시로 메인 컬러를 단번에 칠하는 것이 포인트. 그 뒤에 세부 도색을 해서 하루에 한 개씩 만들어가면 순식간에 군단이 완성됩니다! 팍팍 만들어보세요!!!

물들여서 간단히 도색을 즐겨보자!!
시타델 컬러 콘트라스트!

미니어처 도색을 최대한 간단하고 즐겁게…

현재 게임즈 워크숍은 워해머 게임을 시타델 컬러 콘트라스트나 드라이 브러시로 간단하면서도 멋지게 칠해서 미니어처를 즐기는 도색 방법 「배틀 레디」와, 꼼꼼하게 칠해서 멋지게 만든 미니어처를 콜렉션하는 「퍼레이드 레디」라는 두 가지 즐기는 방법을 제공하고 있습니다.

여기서는 「시타델 컬러 콘트라스트」의 사용 방법을 보겠습니다.

◀▼이것은 게임즈 워크숍 스태프 분이 콘트라스트를 메인으로 전체 색을 칠하고, 작은 부분을 일반 시타델 컬러로 칠한 것. 이렇게 자연스러운 그러데이션을 간단히 즐길 수 있습니다!!

시타델 컬러 콘트라스트란?
흰색과 라이트 그레이 등의 밝은 밑색 위에 묽은 도료를 칠해서 물들여가는 도료. 유동성이 좋고 도료가 흘러서 우묵한 곳에 고이는 덕분에, 자연스러운 그러데이션이 생겨납니다.

NAVIGATOR
게임즈 워크숍 스태프/P.88에 이어, 여기서도 게임즈 워크숍 스태프 분께 시타델 컬러 도색의 즐거움을 배우겠습니다. 콘트라스트와 멋진 드라이 브러시를 배워보겠습니다.

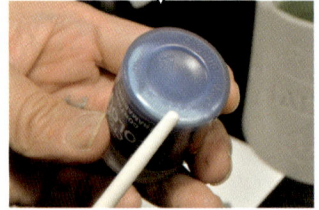
콘트라스트는 잘 섞어주세요!!
▲이렇게 용기 바닥에 도료가 고여 있습니다. 잘 흔들고 손바닥에 툭툭 두드려서 안에 있는 도료를 섞어주세요.

일단 팔레트에 옮겨줍니다
▲콘트라스트는 묽고 유동성도 높습니다. 그래도 붓에 묻혀서 칠하면 도료가 너무 많이 칠해지는 대참사가 벌어집니다.

붓놀림은 대담하게! 한 번에 넓은 범위를 칠하는 이미지
▲콘트라스트는 세세한 터치가 아니라, 긴 스트로크로 단번에 넓게 칠하세요. 균등하게 퍼지면서 이 도료의 특징인 자연스러운 그러데이션이 생겨납니다.

마를 때까지 건드리지 마세요!
▲어깨 아머 테두리에 적절하게 고인 색이 진해지고, 정점은 색이 흘러서 묽어집니다. 이렇게 콘트라스트는 물들여서 색의 농담을 표현할 수 있습니다.

더 매끄럽게 해주고 싶다!!
▲콘트라스트의 색감을 줄이지 않고 유동성을 높여서 매끄럽게 희석하는 것이 「콘트라스트 미디엄」. 꼭 하나쯤 장만하면 좋습니다.

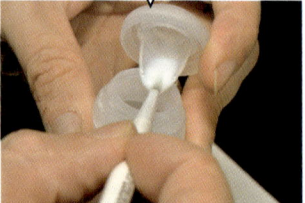
뚜껑 안쪽에서 미디엄을 덜어냅니다
▲도료를 잘 섞고, 뚜껑에 묻은 미디엄을 덜어냅니다.

콘트라스트와 잘 섞어주세요
▲콘트라스트에 미디엄을 섞어줍니다. 섞다 보면 도료가 매끄러워지는 것이 느껴집니다.

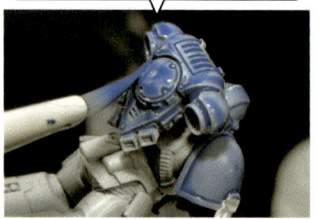
넓은 면과 하이 디테일도 무섭지 않아!!
▲콘트라스트 미디엄 덕분에 유동성이 향상돼서, 이렇게 하이 디테일한 부분에도 도료가 잘 흘러 들어갑니다. 아주 매끄럽게 칠해집니다.

얼룩이 생겼다면 흰색을 칠하고 다시 물들이자
▲콘트라스트가 너무 고인 부분이 마르면 큰 얼룩이 생깁니다. 그럴 때는 밑색으로 사용한 색과 라이트 그레이를 칠하고, 마른 뒤에 다시 콘트라스트로 물들여주세요.

은색 바탕에 콘트라스트를 칠해보자!
▲밑색을 은색으로 칠한 위에 원하는 색의 콘트라스트를 칠하면, 밑색이 투과돼서 다양한 메탈릭 컬러를 표현할 수 있습니다. 모형의 악센트로 아주 좋습니다!!

콘트라스트는 이걸로 보호하세요!
▲콘트라스트는 묽게 희석돼 있어서 도막이 약합니다. 그래서 도색한 뒤에 이 스톰실드를 칠해주세요. 시타델다운 멋진 이름이 붙은 무광 탑코트입니다.

광택도 잡아주고 도막도 확실히 보호
▲차분한 광택이 되고 도막도 보호. 마감과 강도를 양립한, 훌륭한 무광 마감제입니다.

●적은 공정으로 최고의 배틀 레디를 전해드립니다!!

30분 만에 멋진 미니어처를 만들어내는 도색 방법을 소개!! P.90에서 소개한 드라이 브러시 도색을 응용한 방법인데, 시타델 컬러 시스템을 활용하는 아주 즐거운 도색 방법입니다. 틀림없이 당장 따라 하고 싶어질 겁니다!!!

시타델 컬러 시스템에서 녹색 그라데이션을 선택

▲시타델 컬러 앱에서 워해머 다크 엔젤 아머의 색을 선택. 그랬더니 이 3색이 나왔습니다. 이 3색을 사용해서 칠하겠습니다!!

드라이 브러시보다 조금 많이 남기는 느낌으로!

▲먼저 Caliban Green부터. 도료를 붓으로 덜어낸 뒤에 키친타월에 살짝 닦아줍니다. 드라이 브러시 때보다 조금 많이 남깁니다.

붓끝으로 문질러줍니다!!!

▲도료가 드라이 브러시보다 많이 남아 있어서, 살짝 문지르기만 해도 발색됩니다! 이 방법이면 도막이 두꺼워지지 않는 것이 포인트. 그 대신 굵은 듯한 붓 자국이 남습니다.

제일 밝은 녹색으로 체인지

▲다음으로 Warpstone Glow로 체인지. 이건 그대로는 칠하지 않습니다.

한 단계 앞 색과 섞어서!

▲시타델 컬러 시스템에서 표시된 색을 칠하는데, 다음 색으로 바꾸기 전에 한 단계 전의 색을 섞어서 칠하면, 보다 자연스러운 그라데이션이 생겨납니다.

그라데이션 스타트!

▲한 단계 앞의 색과 섞은 것을 드라이 브러시 요령으로 문질렀습니다. 부품의 엣지가 밝아진 것이 보입니다.

이것만으로도 정말 멋지다!!

▲검정색 위에서도 제대로 발색되는 시타델 컬러 그린이라서 가능합니다!! 겨우 두 색을 이렇게까지 멋진 그라데이션 도색이 가능합니다.

Warpstone Glow만으로 드라이 브러시

▲이번에는 섞지 않고 단색으로. 도료를 키친타월에 잘 닦아내줍니다.

부품의 모서리와 정점을 노리고 칠합니다

▲밝은색으로 부품의 정점을 노리고 드라이 브러시 합니다.

Moot Green도 2단계 공격!!

▲마지막에 등장하는 밝은 녹색 「Moot Green」. 이것도 처음에는 한 단계 이전 색과 섞어서 드라이 브러시. 두 번째는 단독으로 해줍니다.

마지막 하이라이트는 도료를 잘 닦아내자!

▲제일 밝은 하이라이트는 조금이면 됩니다. 그러니까 붓털의 도료를 잘 닦아주세요.

밝은 도료는 단번에 살아난다!

▲이렇게 밝은 도료는 조금만 입혀도 눈에 띕니다. 너무 과하지 않도록 주의해요!!

▼멋진 그라데이션이 들어간 미니어처를, 이렇게 짧은 시간에 완성했습니다. 특별한 방법도 필요 없습니다! 포인트는 붓에 머금은 도료 양 조절뿐. 부디 이 방법으로 시타델 컬러 도색의 즐거움을 체감해보세요.

절대 실패하지 않는 색 조합을 알 수 있다!!

그라데이션 완료!!

▲이렇게 적은 공정으로 이만큼 멋지게 만들었습니다!! 여기까지 약 20분 걸렸습니다.

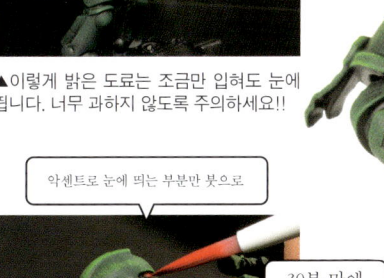
악센트로 눈에 띄는 부분만 붓으로

30분 만에 완성했습니다!

▲마무리로 눈과 총을 칠해서 완성!!!

▲시타델 컬러 앱만 있으면, 이번에 칠한 녹색처럼 사용할 색과 순서가 명기된 시타델 컬러 시스템으로 도색할 수 있습니다!!

PART.4 Citadel Colour by **Games Workshop**

수성 도료 붓도색에 도움이 되는 용품들

게임즈 워크숍 편

게임즈 워크숍은 붓도색의 모든 것을 갖췄다!!

자사 키트, 도료, 붓, 기타 도구&재료 등등을 모두 시타델 브랜드로 갖추고 있는 게임즈 워크숍. 게임즈 워크숍에서 판매하는 도구들은 다른 메이커 수성 도료를 사용할 때도 크게 활약하니까, 마음에 드는 것이 있다면 망설이지 말고 장만하세요!!

●발매원/게임즈 워크숍 ●발매 중

워해머 40,000 페인트+툴 세트
워해머 에이지 오브 시그마 페인트+툴 세트 ●각 6400엔
시타델 컬러를 써보고 싶다면 이 세트를 추천!!
워해머 양대 작품의 기본 컬러(각 13색 세트)와 붓, 니퍼, 파팅 라인과 게이트 자국을 처리할 수 있는 공구가 세트로 구성된 상품. 고민할 필요 없이 기본색을 장만할 수 있어서 추천!!!

시타델 워터 팟 ●1430엔
붓 받침대도 되는 안정감 넘치는 물통
시타델 컬러로 도색할 때 사용하는 물을 담아두는 통. 테두리의 우묵한 곳에 붓을 눕혀놓을 수 있어서, 도색 작업 중에 잠시 붓을 내려놓고 싶을 때도 좋습니다. 튼튼해서 하나 사두면 오랫동안 사용할 수 있습니다.

STC 브러시 ●900엔~
인공모로 새롭게 발매된 시타델의 하얀 붓
천연모가 아니라 인공모로 발매된 새로운 붓. 형상 기억력이 뛰어나서, 잘 씻어두면 항상 탄탄한 상태로 사용 가능.

시타델 컬러 페인팅 핸들 ●1630엔
도색이 아주 쾌적해지는 핸들
핸들 중앙에 도색할 미니어처의 베이스를 고정할 수 있는 핸들. 다양한 방향에서 칠할 수 있어서, 도색이 아주 편해집니다.

시타델 컬러 언더 코트 스프레이 ●2550엔~
시타델의 프라이머는 정말 대단해!!
시타델 컬러가 더 잘 정착되게 해주는 언더 코트 스프레이. 검정과 흰색 외에 파랑과 빨강 등도 있으니까, 칠할 색에 따라서 밑색을 바꿔줄 수 있습니다. 래커 계열이니까 환기를 잘 하면서 뿌려주세요.

시타델 컬러 어셈블리 스탠드 ●3770엔
작은 부품을 잡거나 조립할 때 편리
중앙에 페인팅 핸들도 세팅 가능. 부품을 조립하면서 확실하게 접착하고 싶을 때나 작은 부품을 고정해주는 데도 크게 활약합니다.

시타델 컬러 스프레이 스틱 ●3370엔
많은 미니어처를 단번에 스프레이로 칠할 수 있다!!!
다수의 미니어처를 고무줄로 홀더에 고정할 수 있습니다. 도색할 때는 보우건 같은 모양의 스틱이 변형해서, 스프레이를 뿌리기 쉬워집니다.

팔레트 패드 ●1500엔
시타델 컬러에는 팔레트 패드가 필수입니다
한 장의 크기가 딱 좋아서, 제작 공간에 부담을 주지 않습니다. 팔레트 패드는 시타델 컬러 도색에 가장 궁합이 좋으니까, 꼭 써보세요.

시타델 페인트 시스템을 베이스로, 미니어처를 1개 칠해보자

게임즈 워크숍 플라스틱 키트
Lady Annika, The Thirsting Blade
제작·글/**텐치요**

GAMES WORK SHOP plastic kit
Lady Annika, The Thirsting Blade
modeled&described by TENCHIYO

실천!!! 시타델 컬러 시스템

시타델 컬러를 멋있게 조합할 수 있게 해주는 시타델 컬러 시스템. 색의 순서는 물론이고, 사실은 칠하는 도료 종류에도 법칙이 있습니다. 여기서는 시타델 컬러 시스템의 법칙에 따르면서도 일부를 어레인지해서 프라모델을 멋지게 칠해보겠습니다!

이 작례의 POINT!!
- 시타델 컬러 시스템이라는 페인트 서포트가 있으니까, 가능한 한 그 시스템에 따라 제품 상자에 기재된 도료를 사용해서, 공식 작례의 분위기에 근접하도록 도색해 보자!

 **NAVIGATOR**
텐치요/하비숍 Arrows 점장. 미니어처와 메카부터 걸즈 피규어까지, 폭넓은 장르의 작례를 만들고 있다.

● 도색 준비를 하자!!

먼저 도색 준비. 붓, 도료, 물, 그리고 상자 뒷면을 잘 확인하세요!!!

책상은 깔끔하게

상자 뒷면은 반드시 체크!!

도료는 사용하기 전에 반드시 흔들어주세요!

▲작은 미니어처를 칠하더라도, 정리된 곳에서 칠하면 확실하게 효과가 좋습니다.

▲워해머 키트 상자 뒷면에는 간단한 시타델 컬러 시스템이 표기되어 있습니다. 어느 도료를 쓰면 되는지 한눈에 보입니다.

▲시타델 컬러는 용기째 흔들어서 섞어줍니다. 도료 사용 전에 반드시 하는 습관을 들여놓으세요.

워터 팔레트는 편리!!

◀스펀지에 물을 머금게 하고 베이킹 시트 등의 습기를 투과하는 시트를 깔아주면 워터 팔레트가 완성. 이걸로 시타델 컬러의 건조를 지연시켜서 장시간 칠할 수 있습니다.

▶시타델 컬러는 희석과 붓 씻을 때 물을 많이 사용합니다. 안정적인 용기에 물을 넣어두면 쓰러질 걱정도 없습니다.

안정적인 용기에 물을 담아주세요!

● 붓도색의 전체적인 흐름입니다.

키트 상자 뒷면에 있는 시타델 컬러 시스템에 따라서 도료를 선택합니다. 「베이스」, 「셰이드」, 「레이어」 등등 시스템에서 추천하는 순서대로 칠해서 입체감을 강조합니다. 일부 어레인지한 부분도 있습니다만, 시스템에서 크게 벗어나지는 않았습니다.

「베이스」로 밑칠

「셰이드」로 음영&입체감 강조

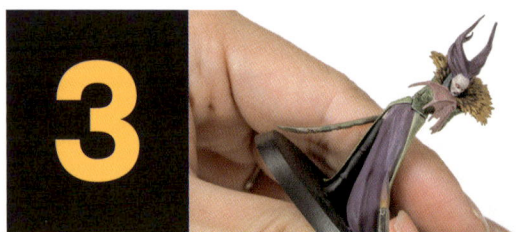

「베이스」로 음영을 남기면서 레이어링(1단계)

「레이어(어두운 색)」으로 밝게 해주고 싶은 부분을 레이어링(2단계)

「레이어(밝은색)」으로 정점과 엣지를 강조하는 레이어링(3단계)

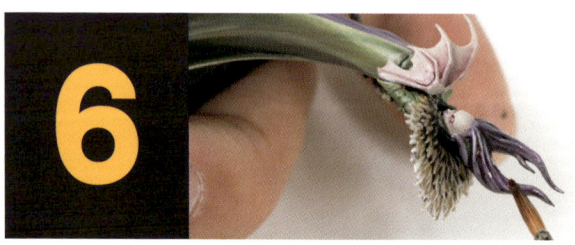

「셰이드」로 물들여서 그러데이션

●시타델 컬러의 시작, 베이스 컬러를 칠하자!!!

밑칠 언더 코트 스프레이를 뿌렸으면, 실제 도색 개시. 시타델 컬러 시스템에서 제일 먼저 칠하는 것이 이 「베이스 컬러」입니다.

> **베이스 컬러란?**
> 차폐력이 높고, 물을 조금만 섞어줘도 아주 잘 퍼집니다. 두 번 겹쳐 칠하면 거의 도료 본래의 색이 나옵니다. 병 안에서 분리되는 경우가 많으니까, 사용하기 전에 잘 섞어주세요.

언더 코트 스프레이는 취향에 따라

뚜껑의 주걱에서 도료를 덜어냅니다

▶먼저 「베이스」부터. 이번에는 밑색용 스프레이를 뿌린 뒤에 도색을 하는데, 뿌리지 않아도 도색이 가능합니다.

▶얼굴 주위가 가장 우묵해 보여서, 얼굴부터 시작. 삐져나와도 문제없으니까 부담없이 칠할 수 있습니다.

우묵한 곳부터 칠하세요!

WOW!! 바로 실수를 저질렀습니다!!

▲정신줄을 놓는지, 녹색 부분에 실수로 보라색을 칠해버렸습니다!!

베이스 컬러는 이런 실수도 바로 고칠 수 있습니다.

▲그래도 괜찮습니다!! 베이스 컬러는 차폐력이 아주 강해서, 그 위에 녹색을 칠해버리면 됩니다.

두 번 칠해서 깔끔하게

▲차폐력이 높은 「베이스」라도 한 번에 칠하려고 하지 말고, 밑색이 조금 비치는 정도면 OK. 잘 말린 뒤에 두 번째로 칠해주면 보다 깔끔해집니다.

밝은색은 신중하게 칠하세요!

▲밝은색은 두 번째에도 조금 비칠 수 있는데, 억지로 발색시키려고 하면 몰드가 묻혀버리는 경우가 많으니까, 서두르지 말고 세 번째까지 칠해주세요.

삐져나온 부분이 있다면, 덧칠해서 간단히 수정할 수 있습니다

◀각 색을 전부 베이스로 칠한 상태. 이제 「셰이드」 공정으로 가보겠습니다!!

097

●칠하기만 하면 분위기가 산다!! 셰이드를 잘 다뤄보자!!

프라모델의 먹선이나 필터링이 가능한 셰이드 컬러. 붓 자국도 잡아주는 정말 편리한 도료입니다.

> **셰이드란?**
> 「베이스」나 「레이어」와 다른 성질을 지닌, 묽은 「반투명」 도료. 이번에 사용한 세 종류 중에 가장 다루기 힘든 도료입니다. 붓에 잔뜩 머금어서 사용하기 때문에 용기에서 직접 덜어내는 경우가 많은 도료인데, 용기가 커서 넘어트리기 쉽다는 것이 가장 큰 주의점. 넘어지면 대참사가 벌어집니다. 색이 살짝 입혀지는 정도의 묽은 도료로, 마를 때 우묵한 곳에 음영을 만들어줍니다. 시타델 컬러 치고는 건조가 늦고, 완전히 마르기 전에 건드리면 얼룩이 생겨버리니 주의하세요. 물로 희석할 수도 있지만, 희석하지 않는 쪽이 사용하기 편합니다.

▲부드럽고 도료를 잘 머금는 붓을 추천. 붓에 머금었으면, 여분의 도료를 팔레트나 키친타월에 닦아낸 뒤에 칠해주세요.

도료를 잘 머금는 붓으로 작업하세요

겁내지 말고 단숨에 칠하세요!

▲큼직한 붓에 도료를 잔뜩 묻혀서, 칠하고 싶은 곳을 단숨에 칠하는 것이 요령. 어중간하게 말랐을 때 건드리면 지저분해지니 주의.

색의 톤이 다운됩니다

▲부품 전체에 「셰이드」를 발라주면 색감이 조금 어두워지고 입체감이 커집니다. 그 뒤에 겹칠(레이어링)할 때 어디를 칠해야 좋을지 알기 쉬워집니다.

마르기 전에 쭉쭉 펴주고 빨아내는 것이 포인트!!

▲「셰이드」는 너무 많이 칠하면 도료가 고이는 부분이 생기니까, 만약 너무 많이 칠했다 싶으면 마르기 전에 다른 붓으로 조금 빨아내 주세요.

팍팍 칠합시다!

▲「셰이드」는 천천히 마르니까, 건드리지 않은 곳이라면 다른 부분에도 「셰이드」를 칠해주세요. 마르지 않은 부분은 건드리지 않게 주의.

순식간에 존재감이 강해졌습니다!!

◀전체에 「셰이드」를 칠했습니다. 입체감이 강해진 덕분에 이것만으로도 멋있어 보입니다.

● 또다시 베이스! 그 뒤에 레이어!!

시타델 컬러 시스템의 다음 순서는, 볼록한 부분에 「레이어」를 칠해서 입체감을 강조해주는 것인데, 옷 등의 부드러운 소재일 때는 바로 「레이어」로 강조해버리기에는 밝기 차이가 너무 커서 어려우니까, 「셰이드」를 칠하기 전에 사용했던 「베이스」를 사용해서 첫 번째 레이어링을 합니다.

레이어란?
「베이스」에 비해 차폐력은 떨어지지만, 잘 퍼지고 발색도 좋습니다. 시타델 컬러 시스템에서는 겹칠을 추천하는데, 다른 색 위에 덧칠할 때 약간 비치는 것을 통해서 위화감을 줄여줍니다.

베이스를 묽게 희석해서 칠하는 것이 포인트

베이스를 칠했으면 레이어로 칠해줍니다

핀포인트로 공략!!

▲「셰이드」로 만든 음영과 작례 사진을 참고로, 밝게 만들고 싶은 부분에 셰이드 전에 칠했던 베이스 컬러를 사용해서 레이어링을 합니다. 처음 칠했을 때보다 묽게 희석해서 칠해주세요.

▲조금 전에 「베이스」로 레이어링 한 부분보다 좁은 범위, 보다 정점에 가까운 범위를, 이번에는 「레이어」로 칠해줍니다. 시타델 컬러 시스템에서는 「레이어」가 명암 2단계로 준비된 경우가 많습니다. 그 경우에는 어두운색을 먼저 칠합니다.

▲밝은색을 두 번째 「레이어」로 상당히 좁은 부분, 정말로 밝은 부분이나 모퉁이를 쓰다듬는 느낌으로, 거의 선으로 그려나갑니다. 붓 옆구리를 사용하면 칠하기 편합니다.

레이어 도료로 드라이 브러시!

평평한 면에도 드라이 브러시가 좋습니다

▲「레이어」는 평범하게 칠할 수도 있지만, 드라이 브러시에도 사용할 수 있습니다. 모피 부분은 요철이 세세하고 깊으니까, 드라이 브러시를 활용합니다. 골의 방향에 교차하는 방향으로 문지르는 느낌으로 붓을 움직여 주면, 볼록한 부분에 쉽게 색이 입혀집니다.

▲평평한 면에도 드라이 브러시 기법을 사용하면, 간단하게 그러데이션을 줄 수 있습니다.

●효과적!! 「추가 셰이드」를 배워보자!!!

시타델 컬러 시스템에서는 「레이어」를 가장 마지막에 지정하는 경우가 많지만, 이번에는 상자의 작례와 비슷하게 만들기 위해, 「셰이드」를 한 번 더 사용해서 그러데이션으로 칠해주겠습니다. 추가 셰이드는 그러데이션의 강약을 잡아주거나, 보다 깊이 있는 그러데이션을 주는 데 편리한 테크닉입니다.

셰이드는 잘 섞어주세요

▲잘 섞었으면 도색 준비 OK. 추가 셰이드를 할 때는, 도료를 팔레트로 옮기고 물로 조금 희석해서 사용합니다. 너무 진하면 단번에 물들어버립니다.

전체에 바르는 게 아닙니다

▲물로 희석한 「셰이드」를 조금만 붓에 묻혀서 묽게 물들이는 느낌으로 칠해주세요. 음영을 강조하고 싶은 부분에 칠합니다. 첫 번째보다 좁은 범위에 칠하면 그러데이션 효과를 표현할 수 있습니다.

Carroburg Crimson도 추가 셰이드

▲치마 부분은 이 키트의 아름다운 포인트. 보라색 천의 자연스러운 주름 느낌을 아름답게 표현해봅시다!!

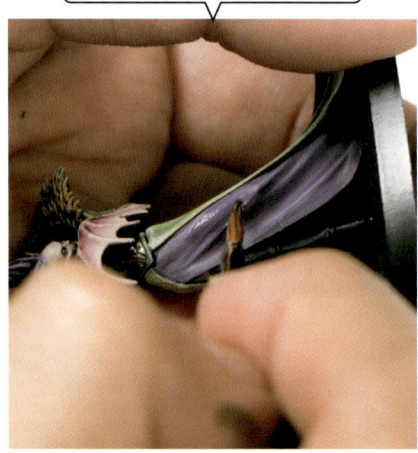

조금씩 칠하는 게 포인트

▲주름 부분에 꼼꼼하게 추가 셰이드. 마르면 칠하는 범위를 좁혀서 겹칠합니다. 이 포인트를 지키면 여러분도 아름다운 그러데이션을 표현할 수 있습니다!!

금속 부분은 최고의 추가 셰이드 포인트!!

▲검에 Argrax Earthshade를 칠하면, 오래 사용한 무시무시한 검으로… 미니어처의 캐릭터성에도 딱 맞습니다.

금색 장식에도 추가 셰이드

▲금색에는 Seraphim Sepia를 흘려주면 아주 자연스러운 음영을 즐길 수 있어서 추천합니다.

2색 이상의 셰이드를 써도 OK!!

▲모피 부분은 「셰이드」를 밝은 갈색 계열부터 어두운 검정색, 「Seraphim Sepia」와 「Argrax Earthshade」, 「Nuln Oil」 순서로, 칠하는 폭을 좁히면서 세 가지 색으로 그러데이션을 줬습니다.

삐져나온 부분을 확인하고 리터치!

▲셰이드가 마르면 삐져나온 곳은 없는지 확인! 삐져나온 곳이 있으면 리터치 해주세요.

우묵한 부분은 특히 주의!

▲사진처럼 옷깃 등의 우묵한 부분을 잘 확인하세요.

Finished
Lady Annika, The Thirsting Blade

▼ 이번에는 마지막에 베이스 데코레이션도 해줬습니다. 시타델 컬러에는 지면용 도료가 있는데, 칠해주기만 해도 지면이 됩니다. 식물도 시타델 제품. 테이프가 달려 있어서 붙이기만 하면 끝.

▲ 아름다운 레이어링을 더욱 두드러지게 해준 추가 셰이드. 망토에서 그 효과를 볼 수 있습니다.

시타델 컬러 시스템, 아름답고 멋지게 칠할 수 있습니다!

게임즈 워크숍이 제창하는 시타델 컬러 시스템. 이번처럼 그 시스템에 따른 공정을 한번 시도해보세요. 그러면 그러데이션이 만들어져 가는 과정, 셰이드를 물들이는 방법, 드라이 브러시의 발색 등을 한 번 경험하면, 몇 배나 되는 경험치를 얻을 수 있습니다. 게임즈 워크숍이 오랜 시간을 들여서 만들어낸 방법론을 실제로 즐겁게 체험하고 그 성공도 체험해보면, 붓도색 실력이 점점 더 좋아질 것입니다.

● 사용한 컬러 (시타델 컬러)

(보라색)
- (베이스) DAEMONETTE HIDE
- (셰이드) DRUCHII VIOLET
- (셰이드) CARROBURG CRIMSON
- (레이어) SLAANESH GREY

(녹색)
- (베이스) DEATHWORLD FOREST
- (셰이드) COELIA GREENSHADE
- (레이어) STRAKEN GREEN
- (레이어) KRIEG KHAKI

(피부색)
- (베이스) RAKARTH FLESH
- (셰이드) CARROBURG CRIMSON

(모피)
- (베이스) ZANDRI DUST
- (셰이드) SERAPHIM SEPIA
- (셰이드) AGRAX EARTHSHADE
- (셰이드) NULN OIL
- (레이어) SCREAMING SKULL
- (레이어) WHITE SCAR

(금색 : 옷 장식, 칼자루)
- (베이스) RUNELORD BRASS
- (셰이드) SERAPHIM SEPIA

(은색 : 칼)
- (베이스) IRON HANDS STEEL
- (셰이드) AGRAX EARTHSHADE

(검정 : 부츠 등)
- (베이스) CORVUS BLACK
- (베이스) MECHANICUS STANDARD GREY

▲ 모피의 입체감이 훌륭. 드라이 브러시와 셰이드 덕분입니다.

이렇게 작은 미니어처도 괜찮아!! 시타델 컬러라면 칠할 수 있습니다

수성 도료 붓도색으로 미소녀 프라모델 컬러 체인지도 즐길 수 있습니다

의상 컬러 체인지부터 간단 피부 메이크업까지. 여러분의 미소녀 프라모델을 예쁘게 붓도색!

현재 캐릭터 프라모델 중에서도 폭발적인 인기인 '미소녀 프라모델'. 각 메이커가 훌륭한 키트를 발매하고 있습니다. 이 미소녀 프라모델을 수성 도료 붓도색으로 예쁘게 칠해보겠습니다. 사용한 테크닉은 부분 도색, 밝은색 붓도색, 마스킹을 이용한 색 구분까지, 지금까지 소개한 테크닉의 집대성! 이 책을 참고해서, 수성 도료 붓도색에 도전해보세요!!

사용한 키트는 맥스팩토리의 키트, PLAMAX!!
길티 프린세스 메이드로이드 먀오

먀오를 앨리스 컬러로 변경!

NAVIGATOR
후리츠쿠/이 책에서는 보크스의 피오레로 피부색 칠하기 테크닉을 가르쳐줬습니다. 이번에는 길티 프린세스의 먀오로 붓도색을 피로하겠습니다! 다양한 모형을 붓도색으로 멋지게 칠하는 대단한 사람. 소품을 추가한 베이스와 비네트 작품 센스도 일류. 이번에는 특별한 방법은 전혀 없으니까, 꼭 참고해보세요.

이 작례의 POINT!!
- 성형색을 살린 피부 처리
- 얼굴 메이크업
- 머리카락 색 변경
- 금색 칠하기
- 피부색 체인지
- 스타킹 도색

MAXFACTORY PLAMAX
GP-01 Guilty Princess Maidroid Miao
modeled&described by FURITSUKU

맥스팩토리 플라맥스
GP-01 길티 프린세스
메이드로이드 먀오
제작·글/후리츠쿠

● 피부는 성형색을 살려주면 정말 예쁩니다!

최근의 미소녀 프라모델 피부 성형색은 정말 높은 수준입니다. 이건 꼭 활용해야 합니다! 피부 도색에 자신 없는 분도, 이 도색 방법을 따라 하면 틀림없이 예쁜 피부색을 표현할 수 있을 겁니다!!

처음이 가장 중요! 무광 스프레이를 뿌리자

▲피부 부품의 접합선을 처리한 뒤에 무광 스프레이를 뿌려주세요. 성형색을 차분하게 만들어주는 동시에 다음 과정을 칠하기 쉽게 해줍니다.

피부 성형색 살리기의 기본! 타미야 웨더링 마스터 G세트

▲세미 웨트 타입의 아이섀도 같은 도료, '타미야 웨더링 마스터'에는 모형 피부색용 도료가 발매되고 있습니다. 이 도료의 G세트 중에서 '밤색'이 정말 좋습니다.

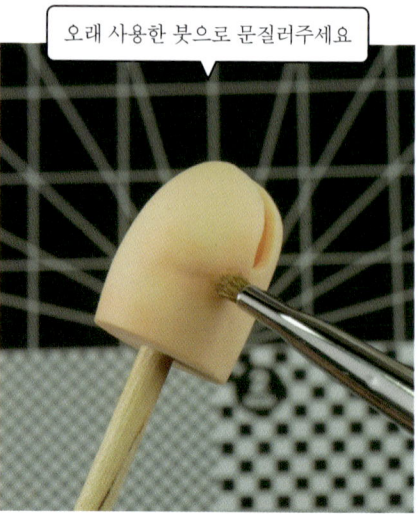

오래 사용한 붓으로 문질러주세요

▲이 밤색이 음영색으로 제격. 프라모델 성형색에 음영만 넣어줘도 간단히 그러데이션을 표현할 수 있습니다. 엉덩이의 우묵한 부분에 도료를 문질러주세요.

힙 라인이 강조됐습니다!

▲밤색을 문질러줬을 뿐인데, 이렇게나 표정이 풍부해졌습니다! 훌륭합니다.

얼핏 보이는 피부에도

▲가슴 아래쪽 얼핏 보이는 부품. 여기도 음영을 넣어주면 좋습니다. 딱 가슴 아래에 오는 부품이니까요.

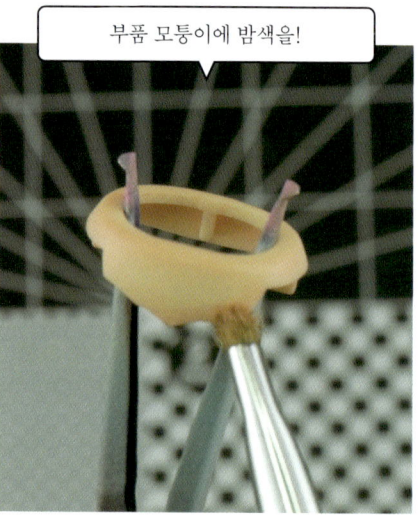

부품 모퉁이에 밤색을!

▲위쪽과 아래쪽 테두리에 밤색을 문질러주세요. 그러면 중앙 부분 피부색이 두드러지면서 입체감이 살아납니다.

손 부품은?

▲손 부품은 타미야 웨더링 마스터보다 좋은 도료가 있으니까, 그쪽을 사용하겠습니다.

시타델 컬러 셰이드가 등장!

▲여기는 시타델 컬러 중에서 피부색에 특화된 셰이드 컬러, 「Reikland Fleshshade」를 디테일에 흘려 넣습니다.

피부 음영색 완성!!!

▲손까지 칠했으니 피부색 음영 처리는 이걸로 끝. 마지막으로 한 번 더 무광 스프레이를 뿌려서 코팅해주세요.

● 얼굴 메이크업에 도전!!! 사용하는 색은 단 하나!!!

미소녀 프라모델의 생명인 '얼굴'. 마오의 얼굴에는 탐포 인쇄(패드 인쇄)로 아름다운 눈이 들어가 있으니까, 피부 메이크업만 잘 되면 정말 예뻐집니다. 현재 미소녀 프라모델의 눈은 대부분 탐포 인쇄로 들어가 있으니까, 이 방법만 배우면 다른 키트의 얼굴도 예쁘게 만들 수 있습니다! 이번에는 '음영색 하나만 칠하기'를 해보겠습니다.

먼저 얼굴에도 무광 스프레이를 뿌려주세요

▲먼저 피부와 마찬가지로 무광 스프레이를 뿌려서, 다음에 사용할 타미야 웨더링 마스터 G세트의 밤색이 잘 정착되는 상태로 만들어주세요.

사용하는 것은 밤색! 먼저 턱선부터

▲귀 아래부터 턱선을 따라 밤색을 칠해서 음영을 표현해 줍니다.

코와 볼 사이가 포인트

▲코와 볼 사이는 살짝 우묵합니다. 여기에 밤색을 살짝만 문질러주세요.

볼의 페이스 라인이 강조됐습니다

▲여기에 밤색으로 희미한 음영이 들어갔을 뿐인데, 볼의 그러데이션이 강조됩니다.

눈꺼풀을 공략

▲눈꺼풀의 미간 쪽 부분에 음영을 넣어주세요.

입체감이 생겼습니다!!!

▲메이크업이 진행되면서 많이 예뻐졌습니다! 웨더링 마스터의 좋은 점은, 이 상태에서 간단히 수정할 수 있다는 점입니다.

각 부분의 음영을 조정하자

▲면봉으로, 밤색이 너무 과한 부분을 문질러주기만 하면 OK! 칠한 주위를 흐릿하게 해줘도 좋고, 면봉에 물을 살짝 적셔서 완전히 지워버려도 됩니다.

다시 붓으로 칠해줍니다

▲일단 지운 곳에 다시 도전!! 자신이 생각한 분위기가 될 때까지 계속 시도해보세요.

전체 조정이 끝났으면 무광 스프레이를 뿌리세요!

▲면봉으로 마지막 조정까지 했으면, 무광 스프레이를 뿌려서 코팅해주면 완성입니다.

●의상의 금색과 머리카락 칠하기

어깨의 프릴과 치마의 흰색은 성형색을 살렸고, 무광 스프레이만 뿌렸습니다. 설정에서는 소매가 금색입니다. 하지만 여기서는 큰 악센트가 되는 부분이니까 꼭 도색해보세요. 그리고 머리카락을 검정에서 밤색으로 바꿔보겠습니다.

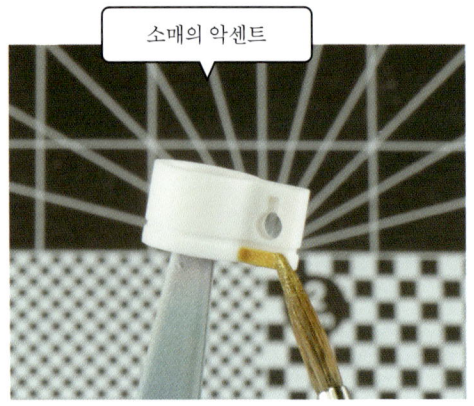

소매의 악센트

◀여기는 시타델 컬러 Retributor Armour를 칠합니다. 흰색은 성형색을 살렸으니까, 삐져나오면 이쑤시개로 문질러서 지우면 됩니다.

단번에 멋있어졌다!!

▶소매에 금색이 들어갔을 뿐인데 단번에 멋있어졌습니다. 여기는 마오의 도색 포인트니까, 꼭 따라해 보세요.

머리카락을 밝은색으로! 흰색 서페이서를 뿌리자!!

▲머리카락 색을 바꿔보겠습니다. 밝은 머리카락으로 바꿀 때는 「화이트 서페이서」가 좋습니다. GSI 크레오스의 수성 화이트 서페이서를 추천합니다.

시타델 컬러 Ungor Flesh!

▲밤색에 딱 맞는 색이 시타델 컬러 Ungor Flesh. 레이어 컬러라서 밑색이 비칩니다. 첫 번째 칠에서는 흰색이 비쳐 보여도 괜찮습니다.

완전히 마르면 두 번째

▲첫 번째가 완전히 마르면 한 번 더. 많이 밤색다워졌습니다.

세 번 칠하면 완성!

▲차폐력이 약한 레이어 컬러지만, 이만큼 여러 번 칠하면 예쁘게 발색됩니다. 세 번까지 칠하면 이렇게. 붓도색이 아닌 것처럼 매끄럽습니다.

●먀오를 꾸며주는 금색 부품 칠하기

치마와 무기의 금색은 예쁘게 칠하고 싶은 부분. 금색 붓도색의 포인트를 소개하겠습니다!

▲무광 스프레이는 '투명 서페이서' 역할도 합니다. 무광으로 만들면 도료가 잘 정착됩니다.

▲먀오의 치마에 있는 금색 부품은 디테일이 세밀합니다. 그래서 일단 묽게 희석한 시타델 컬러 Retributor Armour를 디테일에 흘려 넣는 이미지로, 전체를 가볍게 칠하세요.

▲Retributor Armour는 한 번에도 아름다운 금색이 나오지만, 그만큼 두꺼워지기 쉽습니다. 두 번째는 첫 번째보다 살짝 농도를 높여서 전체에 칠해주세요.

▲세 번째에서도 완전히 물들지 않았습니다. 그래도 당황하지 마세요. 그래야 정말 아름다운 금색을 칠할 수 있습니다.

▲처음에는 묽게 하고, 덧칠할 때마다 조금씩 농도를 높여가며, 우묵한 부분에 고이지 않도록 여러 번으로 나눠서 칠하면 예쁘게 칠해집니다.

▲이렇게 확대해도 깔끔합니다. 붓도색으로 여기까지 가능합니다!!

● 의상 컬러 체인지와 리터치의 포인트

앨리스 컬러로 바꾸기 위해 옷 색을 파란색으로 변경하겠습니다. 하지만 마오의 옷은 검정!! 가장 강한 색을 선명한 파란색으로 바꿔야만 합니다! 하지만 요즘 수성 도료라면 괜찮습니다!!

▲마오의 부품. 새카맣습니다. 이것을 파란색과 흰색으로 칠하겠습니다.

▲성형색이 강한 색일 때는, 고민하지 말고 서페이서를 뿌리세요. GSI 크레오스의 수성 화이트 서페이서를 사용해서 흰색으로 만들어줬습니다. 이러면 파란색도 흰색도 제대로 발색합니다.

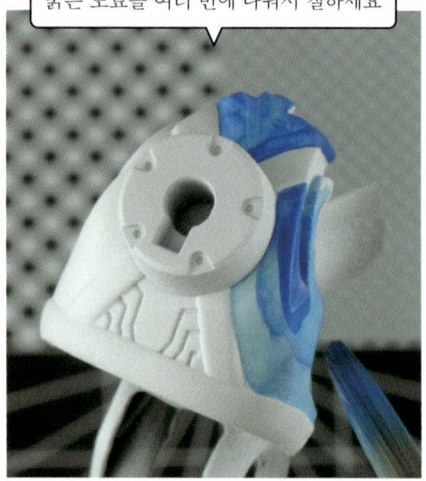

▲시타델 컬러 Caledor Sky가 앨리스의 파란색과 똑같습니다! 진한 도료로 한 번에 칠하지 말고, 약간 묽게 희석해서 흰색이 점점 파란색으로 물들어가는 느낌으로 칠하세요.

▲하얀 부분으로 삐져나왔지만 괜찮습니다. 완전히 마른 뒤에 덮어서 칠하면 됩니다. 단, 삐져나온 색에 따라서는 흰색으로 덮어버리기가 힘드니까, 흰색으로 리터치하기 전에 아크릴 용제 등으로 삐져나온 색을 가능한 한 지운 뒤에 리터치를 해주면 편합니다.

▲리터치는 삐져나온 작은 부분을 다시 칠하는 작업입니다. 사진처럼 붓에 도료가 잔뜩 묻어 있으면 도료가 넘쳐서 2차 피해가 발생합니다.

▲이렇게 붓끝에만 도료를 머금은 상태가 핀포인트로 노리기 좋습니다.

▲마지막으로 금색. 디테일이 많은 부분도 아니니까, 보통 농도로 칠해주세요.

▲평붓으로 칠해나갑니다. 평붓은 세밀한 부분을 칠하기 힘드니까, 이 정도까지 칠한 뒤에 붓을 교체.

▲남은 부분을 가는 세필로 칠하면 끝! 깔끔하게 구분해서 칠했습니다!!

● 넓은 면 칠하기

옷의 색을 바꿀 때 넓은 면을 칠하는 포인트를 설명하겠습니다.

처음부터 진한 도료는 안 됩니다!

▲먼저 밑색인 흰색이 비칠 정도로 전체를 넓게 칠해주세요. 처음부터 진한 도료를 칠해버리면 표면이 우둘투둘해집니다.

이 상태에서 완전 건조!

▲처음에는 불안하겠지만, 이 정도가 좋습니다. 밑색인 흰색이 비치는 상태에서 확실하게 말려주세요.

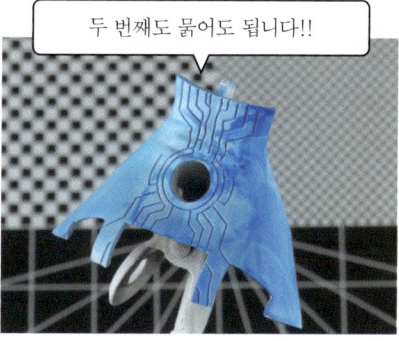

두 번째도 묽어도 됩니다!!

▲두 번째에서 끝내고 싶어지겠지만, 이런 넓은 면에 선명한 색을 칠할 때는 절대로 서두르지 마세요.

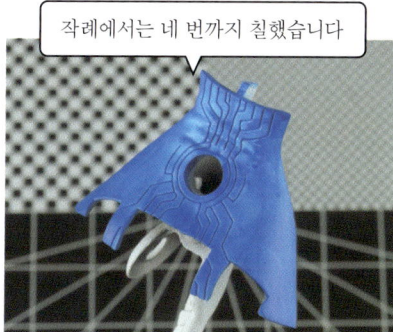

작례에서는 네 번까지 칠했습니다

▲거의 균등하고 깔끔하게!!! 이 정도까지 칠했으면 마무리로 무광 스프레이를 뿌려주면 은폐할 수 있습니다.

● 마스킹은 붓도색의 가능성을 넓혀줍니다

마스킹으로 구분해서 칠하면, 프리 핸드로 칠할 때보다 깔끔하게 직선을 그릴 수 있습니다. 그 기법으로 스타킹을 줄무늬로 바꿔봤습니다.

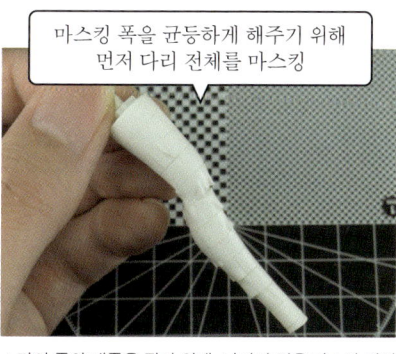

마스킹 폭을 균등하게 해주기 위해 먼저 다리 전체를 마스킹

▲라인 폭의 대중을 잡기 위해, 타미야 면용 마스킹 테이프 5mm를 사용해서 다리 전체에 감아줍니다. 테이프 사이에 틈새가 없도록 감아주세요.

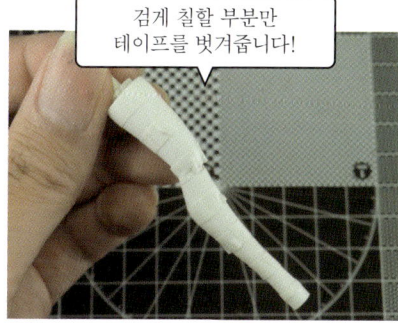

검게 칠할 부분만 테이프를 벗겨냅니다!

▲이제 칠하고 싶은 부분의 테이프를 벗겨주면 거의 균등한 폭 5mm 줄무늬를 만들 수 있습니다.

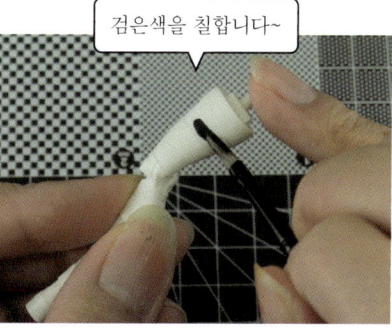

검은색을 칠합니다~

▲마스킹 테이프가 확실히 밀착됐는지 확인한 뒤에 검은 선을 그려주세요.

깔끔하게 구분됐습니다!

▲줄무늬가 멋지게 그려졌습니다! 마스킹이 귀찮을 것 같지만, 조금만 수고를 들이면 이만큼 깔끔하게 칠할 수 있습니다. 꼭 해보세요.

◀ 빗자루 모양 무기 블룸 스트라이크의 금색도 멋집니다. 칠하는 방법은 치마의 금색 방법과 같습니다.

▼ 꼬리 색도 전체 컬러에 맞춰서 바꿔줬습니다.

Finished
Guilty Princess Maidroid Miao!!!

메이드로이드 먀오 완성!!

MAXFACTORY PLAMAX
GP-01 Guilty Princess Maidroid Miao
modeled&described by FURITSUKU

맥스팩토리 플라맥스
GP-01 길티 프린세스
메이드로이드 먀오
제작·글/후리츠쿠

컬러 체인지를 통해서 여러분만의 모형이 완성됩니다

피부 음영, 머리카락과 의상 색을 바꿔서 느낌이 완전히 다른 먀오가 완성됐습니다. 이렇게 색을 바꾼 모형은 세상에 단 하나뿐인 존재. 그것을 완성한 기쁨은 틀림없이 최고의 기쁨이 될 것입니다. 수성 도료로도 이렇게 제대로 칠할 수 있습니다. 수성 서페이서까지 발매된 지금, 밝은색으로 바꾸는 것도 어렵지 않습니다. 이번 How to를 참고로, 꼭 여러분만의 미소녀 프라모델을 완성해보세요!

PART.4 Citadel Colour by **Games Workshop**

◀앞머리 모양이 먀오의 귀여운 얼굴과 밤색 머리카락과 어우러지면서 정말 귀엽습니다.

▲가슴에도 음영색으로 타미야 웨더링 마스터 밤색을 칠해줬습니다.

▲치마의 흰색은 성형색을 살렸습니다. 검은 부분도 화이트 서페이서를 칠한 뒤에 파란색을 붓으로 칠해서 깔끔하게 처리했습니다.

▲성형색의 금색도 예쁩니다. 작례에서는 도색해서 구리색 느낌의 금색으로 바꿨는데, 뭔가 스팀펑크적인 분위기가 느껴집니다.

PART.4 Citadel Colour by **Games Workshop**

칠해서 비로소 알게 되는, 붓도색의 즐거움

어린아이가 수채물감으로 마음껏 칠하면서 즐거워하는 모습. 붓을 놀릴 때마다 색이 입혀지는 것을 보며 눈을 반짝거리고 기뻐하는 그 모습은, 예전의 우리 모습입니다. 어느 샌가 프라모델 붓도색은 '이렇게 해야만 한다!', '붓 자국이 보여서 지저분해!'라는 소리를 들었고, 멋대로 어렵다는 이미지가 되어 버린 것 같습니다.

하지만, 일단 눈앞에 있는 모형을 여러분이 좋아하는 색으로 칠해보세요. 붓에서 해방된 색이 프라모델을 물들인 순간, 그 시절의 자신이 돌아올 것입니다.

색을 칠하는 것은 재미있습니다… 특히 붓도색은 손끝과 눈에서 직접적으로 자극을 느끼는 최고의 놀이입니다. 그런 놀이를 생활공간 속에서 마음껏 즐길 수 있도록, 각 제조사들이 훌륭한 수성 도료를 발매하고 있습니다. 붓과 팔레트, 물만 있으면 여러분의 모형을 나만의 색으로 물들일 수 있습니다. 붓 자국이 보여도 좋고, 삐져나와도 좋습니다. 이 책에는 그런 일이 일어나도 붓도색을 즐길 수 있도록 다양한 힌트들을 잔뜩 게재했습니다. 부디 오늘부터 수성 도료 붓도색을 즐겨보세요.

수성 도료
붓도색의 교과서

MODEL WORKS
きの助
島津 英生(보크스)
清水 圭
てんちょ
ぷらシバ
ふりつく
武蔵
むっちょ

EDITOR
丹 文聡(BunSou production.)
今井 貴大
望月 隆一

SPECIAL THANKS
게임즈 워크숍
GSI 크레오스
타미야
보크스

DESIGN
小林 歩

PHOTOGRAPHER
岡本 学(스튜디오R)
河橋 将貴(스튜디오R)
関崎 裕介(스튜디오R)
葛 貴紀(이노우에사진스튜디오)

CO-EDIT
横島 正力
長尾 成兼

초판 1쇄 인쇄 2023년 4월 10일
초판 1쇄 발행 2023년 4월 15일

저자 : 하비재팬 편집부
번역 : 김정규

펴낸이 : 이동섭
편집 : 이민규
디자인 : 조세연
영업·마케팅 : 송정환, 조정훈
e-BOOK : 홍인표, 최정수, 서찬웅, 김은혜, 정희철
관리 : 이윤미

㈜에이케이커뮤니케이션즈
등록 1996년 7월 9일(제302-1996-00026호)
주소 : 04002 서울 마포구 동교로 17안길 28, 2층
TEL : 02-702-7963~5 FAX : 02-702-7988
http://www.amusementkorea.co.kr

ISBN 979-11-274-6077-8 17630

Suiseitoryou Fudenuri no Kyoukasho
©HOBBY JAPAN
Originally Published in Japan in 2022 by HOBBY JAPAN Co., Ltd.
Korea translation Copyright©2023 by AK Communications, Inc.

이 책의 한국어판 저작권은 일본 ㈜HOBBY JAPAN과의 독점 계약으로
㈜에이케이커뮤니케이션즈에 있습니다.
저작권법에 의해 한국에서 보호를 받는 저작물이므로 무단전재와 무단
복제를 금합니다.

*잘못된 책은 구입한 곳에서 무료로 바꿔드립니다.

©Kow Yokoyama 2022